读懂投资 先知未来

**大咖智慧**
THE GREAT WISDOM IN TRADING

**成长陪跑**
THE PERMANENT SUPPORTS FROM US

**复合增长**
COMPOUND GROWTH IN WEALTH

---

一站式视频学习训练平台
WWW.DUOSHOU108.COM

# 攻守四大战技

全球顶尖交易人畅谈顺势操作、
迅速认赔、让利润自行发展、管理风险

Bruce Babcock 著

文奕 译

## 图书在版编目（CIP）数据

攻守四大战技 /（美）巴布科克著；文奕译 . -- 太原：山西人民出版社，2013.12
ISBN 978-7-203-08446-4

Ⅰ.①攻… Ⅱ.①巴…②文… Ⅲ.①金融投资 Ⅳ.① F830.59

中国版本图书馆 CIP 数据核字 (2013) 第 301435 号
著作权合同登记号　图字：04-2013-053

### 攻守四大战技

著　　者：（美）巴布科克
译　　者：文　奕
责任编辑：孙　琳
装帧设计：兆天书装

出 版 者：山西出版传媒集团　山西人民出版社
地　　址：太原市建设南路 21 号
邮　　编：030012
发行营销：0351-4922220　4955996　4956039
　　　　　0351-4922127（传真）　4956038（邮购）
E-mail：sxskcb@163.com　发行部
　　　　sxskcb@126.com　总编室
网　　址：www.sxskcb.com

经 销 者：山西出版传媒集团　山西人民出版社
承 印 厂：三河市航远印刷有限公司

开　　本：710mm×1000mm　1/16
印　　张：12.75
字　　数：225 千字
印　　数：1-7000 册
版　　次：2014 年 4 月　第 1 版
印　　次：2014 年 4 月　第 1 次印刷
书　　号：ISBN 978-7-203-08446-4
定　　价：36.00 元

**如有印装质量问题请与本社联系调换**

# 目 录
# contents

第一章 引 言 ························································· 1

第二章 顺势操作 ···················································· 5
 选择性风险的趋势时间构架 ······························· 6
  史提夫·布里斯 ··············································· 6
  杰克·伯恩斯坦 ··············································· 9
 长线交易人 ························································ 12
  尼克·范尼斯 ················································· 12
  鲍伯·裘伯 ····················································· 15
 中线交易人 ························································ 17
  凯利·安格尔 ················································· 17
  彼得·布朗特 ················································· 21
  科林·亚历山大 ············································· 23
  麦可·齐积 ····················································· 25
  比尔·盖里 ····················································· 27
 短线交易人 ························································ 30
  史丹·塔穆雷维奇 ········································· 30

詹姆士·柯尼夫斯 ······ 32
葛连·李恩 ······ 34

## 趋势改变研判者 ······ 36
菲丽丝·卡恩 ······ 36
汤姆·艾斯普雷 ······ 40
罗伯·麦勒 ······ 42

## 独特的趋势寻找机制 ······ 45
华尔特·布雷瑟特 ······ 45
罗素·华森道夫 ······ 49

## 趋势不重要 ······ 52
科雷格·索尔柏格 ······ 52
赖利·威廉斯 ······ 53

## 总结性看法 ······ 55
杰克·史瓦格 ······ 55

# 第三章 迅速认赔 ······ 63

## 图形停损点 ······ 63
比尔·盖里 ······ 63
葛连·李恩 ······ 64
彼得·布朗特 ······ 67
科雷格·索尔柏格 ······ 68
莽丽丝·卡恩 ······ 69
汤姆·艾斯普雷 ······ 71
华尔特·布雷瑟特 ······ 72

## 指标停损点 ······ 75
麦可·齐积 ······ 75
罗伯·麦勒 ······ 77
杰克·伯恩斯坦 ······ 78

# 目 录

## 波动停损点 ·········································· 80
- 史丹·塔穆雷维奇 ······························ 81
- 罗素·华森道夫 ································ 82

## 资金管理停损点 ···································· 83
- 詹姆士·柯尼夫斯 ······························ 84
- 凯利·安格尔 ···································· 85
- 鲍伯·裘伯 ······································ 86

## 账户本金停损点 ···································· 87
- 尼克·范尼斯 ···································· 88
- 史提夫·布里斯 ································ 89

## 保证金停损点 ······································ 92
- 科林·亚历山大 ································ 92

## 兼容并蓄的方法 ···································· 93
- 杰克·史瓦格 ···································· 93

# 第四章  放手让利润自行发展 ················ 97

## 以指标设定尾随停损点 ························ 97
- 尼克·范尼斯 ···································· 97
- 科林·亚历山大 ································ 99
- 杰克·史瓦格 ···································· 100
- 麦可·齐积 ······································ 101

## 尾随停损点 ········································ 103
- 凯利·安格尔 ···································· 103
- 华尔特·布雷瑟特 ···························· 106
- 罗伯·麦勒 ······································ 108

## 根据波动性设定停损点 ························ 109
- 罗素·华森道夫 ································ 109

## 根据图形形态设定尾随停损点 ············ 110

此尔·盖里 ……………………………………………… 110
葛连·李恩 ……………………………………………… 111
以金额设定尾随停损点 …………………………………… 113
鲍伯·裘伯 ……………………………………………… 113
利润目标 ……………………………………………………… 115
彼得·布朗特 …………………………………………… 115
多管齐下 …………………………………………………… 117
汤姆·艾斯普雷 ………………………………………… 117
菲丽丝·卡恩 …………………………………………… 118
史提夫·布里斯 ………………………………………… 119
杰克·伯恩斯坦 ………………………………………… 121
放手让利润自行发展不重要 ……………………………… 124
史丹·塔穆雷维奇 ……………………………………… 124
科雷格·索尔柏格 ……………………………………… 124

## 第五章　管理风险 …………………………………… 127

尼克·范尼斯 ……………………………………………… 127
科林·亚历山大 …………………………………………… 130
凯利·安格尔 ……………………………………………… 131
罗素·华森道夫 …………………………………………… 135
比尔·盖里 ………………………………………………… 136
史丹·塔穆雷维奇 ………………………………………… 138
罗伯·麦勒 ………………………………………………… 141
彼得·布朗特 ……………………………………………… 142
科雷格·索尔柏格 ………………………………………… 144
科特尼·史密斯 …………………………………………… 146
詹姆士·柯尼夫斯 ………………………………………… 148
华尔特·布雷瑟特 ………………………………………… 151

目 录

史提夫·布里斯 …………………………………… 156

菲丽丝·卡恩 …………………………………… 160

葛连·李恩 ……………………………………… 161

杰克·伯恩斯坦 ………………………………… 165

汤姆·艾斯普雷 ………………………………… 168

麦可·齐积 ……………………………………… 169

鲍伯·裘伯 ……………………………………… 172

杰克·史瓦格 …………………………………… 174

第六章　心理面 …………………………………… 179

第七章　汇总与结论 ……………………………… 185

参考书目 …………………………………………… 191

# 第一章 引言

从商品操作中获利，是人类已知最困难的事情之一。这件事一定是真的，因为操作成功的人少之又少。二十多年前我开始操作时，"怎么操作才适当"的资讯付诸阙如。市面上只有少数几本书、六种顾问快讯、几种图表服务可供利用，机械式的操作系统几乎没人知道，个人电脑还没问世。

二十年来，数百本书已经出版。个人电脑现身，而且价格下跌到每个有钱操作的人都买得起。数千种电脑软件程式上市，协助交易人操作。操作系统从凤毛麟角变成稀松平常之物。以前大作广告和出售的操作系统，动轧数千美元，却原始粗糙，使用之后徒劳无功。如果你想在电脑上测试自己的操作构想，必须学会亲自动手写程式，要不然就得付出一大笔钱，请别人代劳，特别替你写个程式。现在，没有程式设计能力的交易人，只要花几百美元买套软件，就能创造、测试和操作自己的机械式系统。

你可能会想，资讯以及别人提供的协助既然那么充分，做出正确的操作和赚到钱一定比以往容易。事实不然。市面上发行的很多东西根本是错的。我们不容易区分哪些是好的期货操作著作，哪些是坏的期货操作著作。即使知名作者写的书广受好评，里面也有很多没用的观念。要确定你的操作构想是否能赚到钱，唯一的方式是做严格的历史检定，而且最好是在不会犯错的电脑上做。你也应该了解检定程序，因为如果你不知道自己

## 攻守四大战技

在做什么，连电脑检定也有误导作用。

操作获利的另一大障碍是人心。即使人们知道怎么操作才正确，实际上还是很难做到。人的喜怒哀乐不断诱惑我们违反自己所知的正确原则。

为了达到完美极境，交易人一直努力把操作问题复杂化。可是经验已告诉我们，这么做没有帮助。简单的操作方法绝对优于你用微积分和复杂的公式发明出来的任何东西。

操作要成功，在心智上不是太困难，虽然表面上看起来是如此。我最喜欢的一句商品操作名言，是理察·丹尼斯讲的。丹尼斯可能是第一位操作大获成功的人物（80年代初赚了数亿美元）。他说："商品操作的复杂性比两眼所见要少很多。"

我相信你可以化繁为简，把成功的操作归纳为四大原则，它们是本书的基础：

1. 顺势操作。
2. 迅速认赔。
3. 放手让利润自行发展。
4. 管理风险。

我想不出有任何成功的操作方法，不以某种方式用到以上所述的每个原则。

虽然几乎每个人口头上都推崇这些概念，却很难找到一个人实际操作时做得很正确。这可能是因为他们懂得原则，却不知道它们的意思。或者，他们可能认为自己确实了解原则，并付诸应用，实际上却不然。或者，他们可能找借口说，以他们独特的处境而言，某个原则不重要。

实际操作时会碰到的另一种状况是，有很多不同的方式可以正确地执行这些原则。正如杰克·史瓦格在《新金融怪杰》（寰宇出版公司译行，编号寰宇财金22-23）一书所说的："在市场赚钱的方法有一百万种，可惜它们都很难找到。"

为了帮助交易人了解这四大原则，同时晓得有哪些不同的执行方式，

# 第一章 引言

我访问了很多操作专家。由于我是《商品交易人消费者报导》的主编和发行人，有幸认识他们。他们都操作自己的账户。我问了每个人：每个原则在他（她）本身的操作上有多重要，尤其是如何执行。这些访问原本散见五期的《商品交易人消费者报导》。我加以改编，并扩充内容，写成了这本书。当年访问时，限于版面，无法纳入《商品交易人消费者报导》的很多部分，也一并收录于本书。

我请每位专家谈这些原则的理论和实务上的应用方法。每个人似乎都对这些金科玉律以及执行的程序，有自己的一套见解。结果是各家意见和操作观念广泛并陈，摆出一桌丰富的大餐，可以帮助你为自己拟定一套完整的操作计划。

撰写本书时，我没有访问科特尼·史密斯，但仍把他对风险管理的看法纳入。相关的资料来自我为以前某期的《商品交易人消费者报导》写封面故事时，访问科特尼的内容。

我依大部分人一般习惯上开列和讨论的次序列出这四大概念，但这不表示它们的重要性有高低之分。关于这一点，你将在书内看到每个人的看法也不同。

由于我假设你已有商品操作的基本知识，所以不需要再做入门介绍。下一章，我们就直探第一大原则。我从操作选择程序的最基本观念谈起。

# 第二章
# 顺势操作

多年来我一直认为，由于市场的特质，操作商品要成功，务必顺势操作。数学分析已显示，大部分商品市场的价格走势，主要是由一个小趋势成分随机构成。交易人能够长期获得统计优势，并转化成利润，是由于这个趋势成分。如果没有趋势成分，每个人最后都会赔钱，因为操作成本会高于任何随机出现的短期利润。但是为了掌握这个趋势成分，你必须顺势操作。

趋势只有在一个特定的时间构架内才有意义。时间构架愈短，取得统计优势愈困难。这是因为短期的价格走势随机性最强，也因为时间构架愈短，操作成本占平均一笔操作的百分率愈高。

我敢说，那些自认"逆势"的交易人，其实在较短的时间构架内是顺势交易人。他们也倾向于事先研判趋势的变化，而不是坐等趋势变化获得确认。但这是语意上的问题，和交易智慧无关。

重要的是你是否知道自己的交易时间构架、你是否有明确的方法能在那个时间构架内找出趋势、你是否始终一致照自己的准则去做。我找了一些朋友一谈，他们都是经验丰富的专业交易人。在他们各抒己见的同时，个人的经历也穿插在本章内容中。

攻守四大战技

## 选择性风险的趋势时间构架

我找的两个人主张把趋势选择看做是资金管理过程的一部分，而不是只当做进场的准则。这两个人是史提夫·布里斯和杰克·伯恩斯坦。

### 史提夫·布里斯

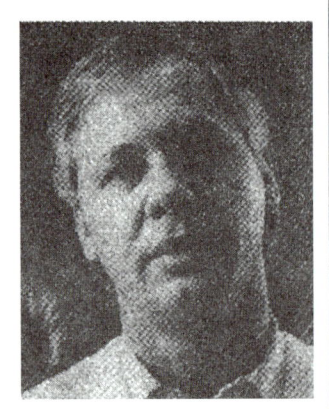

史提夫·布里斯是《商品期货市场多头评估》新闻信的主编及发行人。1988年后这份新闻信两周发行一次，报导并分析《CFTC交易人承诺报告》。（译注：CFTC指美国商品期货交易管理委员会）。

布里斯现年46岁，他在40岁生日时便从经营十分成功的住宅营造企业退休，投入他感兴趣的期货操作。除了操作自己的账户，也发行新闻信、系统、软体，供交易人使用。

写操作文章之余，布里斯也是事业有成的电脑程式设计师。1980年初，个人电脑开始普及以来，他一直埋首程式设计的工作。他为交易人制作了很多独特且成功的软体程式，目前正在写"视窗"版的画图程式Autopilot。他也销售两种系统程式：Cross-Current是一种货币价差交易操作系统，Private $ tock用于股价指数期货。

你可以写信到 BullishReview 给史提夫，地址是：14600BlaineAvenueEast, Rosemount, MN55068。电话：（612）-423-4900。传真：（612）-423-4949。

**史提夫，你对顺势操作有什么样的看法？**

不用说也知道，顺势操作才是对的。没有人故意违反趋势去操作。逆

## 第二章 顺势操作

势操作会赔钱。最要紧的是找出你打算在哪种趋势中操作。你可以在一个小时、一天、一个星期或非常长的趋势中操作。接下来根据那个趋势，选好你要使用的指标。

举例来说，如果你是操作一个小时的趋势，就不要从月线图找进场点或停损点。趋势长短的决定，和另外三个原则——迅速认赔、放手让利润自行发展、管理风险密不可分。没有找出要操作哪种趋势，其余不必多谈。

**如果有人希望找出自己要操作的趋势，他们可以怎么做？**

除了交易人个人的偏好，趋势的选择往往取决于账户的大小。如果你一开始的想法是把任何一笔操作的潜在损失限定在账户金额的一定百分率以下，用以管理风险，则这种想法会影响你选择操作的时间构架。你可以先看月线图，根据标准的图形排列决定进场点。你可以决定停损点要放在哪里，好让根据标准图形操作技巧进行的那笔操作行得通。利用月线图，你很可能发现损失占账户本金的百分率太高，不合你的风险管理准则。因此，你不可以操作那么长的趋势。大部分交易人最后顶多只选日线图。

每个图形形态都有一个目标和一个停损点：你晓得万一图形形态失败，就会掉到那个停损点以下。到了这一点，就应该结束赔钱的操作。你必须根据预估的进场点和停损点，以及它们相对于账户金额的比率，决定你可以操作的图形形态大小。到底要操作多长的趋势，得看损失相对于你的账户金额有多大而定。

**你的意思好像是说，在你看出自己的进场点和停损点之前，你没办法确定你要操作的真正趋势？**

没错。

**果真如此的话，由于不晓得要用多长的时间，你没办法在操作选择的过滤过程中纳入趋势指标。**

实际上，在你开始着手时，确认你要操作什么样的趋势为第一优先要务。你得观察各种不同的方法和系统，找出典型的进场点、出场点、风险在哪里。

每个系统都针对某种趋势进行操作。它们如何进入那个趋势可能有

## 攻守四大战技

异,但每个系统的目的都是操作某种趋势。你可以从系统的历史看出平均风险为何。如果拿去冒险的账户金额不超过5%(最好是账户金额的1%到2%),则那是你应操作的趋势长度。

**接下来你是不是用某种趋势指标作为进场过滤网?**

进入趋势是另一个问题。容我用图形操作为例来说明,因为几乎每个人都从这里开始。假设走势图上出现一个三角形形态,而且你打算在向上突破时做多,你可以找出停损点应置于何处。那是三角形底下的一个点,在那个点,你可以说三角形形态已经失败。

如果那个估计的潜在损失占账户金额的比率过大,则你只能做两件事:(1)完全放弃这笔操作;(2)等候更好的进场点。你不可以改变停损点。你已根据趋势将对你不利的那个地方决定为停损点,因此必须调整你的进场点,或者放弃这笔操作。

突破后进场往往冒太大的风险。另一个方法是事先研判将有突破走势,设定的进场价格必须让你的风险处在账户金额合理的百分率以下。上例中,你可以在价格仍处于三角形中时进场,甚至可能接近三角形的底端,这里的风险比较低,因为你的停损点会更接近。用这个方法操作的趋势期间,会比原来你能够操作的趋势期间还长。

账户金额为5000美元或10000美元的新手交易人,不可以使用这种大家接受的方式,在日线图上操作标准的形态。解决之道是找到一种事先研判的方法,研判图形将形成的形态,或者利用摆荡指标逢低买进或逢高卖出。

**利用标准的进场方法,并以资金管理停损点调整你的风险,这种做法如何?**

这不是设定停损的最好方式,你不能等到趋势反转才放弃操作。我发现自己老是处于这种进退维谷之境,因为不管我的账户金额有多少,我都不希望一笔操作每笔合约有500美元以上的资金承受风险。为了遵守那样的限制,我会先设定停损点。接着我的进场点不得高于停损点500美元(做多时)。

我是在市场对我有利时买进,这时短期趋势还没有完全建立起来。我估

## 第二章　顺势操作

算会有其他因素使得那个趋势现身，下一次的较长期趋势是这些因素中的一个。较长期趋势应该会影响市场。短期趋势变得超卖时，较长期趋势会推动较短期趋势转而上扬。你可以用不同期间的摆荡指标衡量较长期的趋势。

我喜欢利用的另一个指标是"交易人承诺"资料，并在我的新闻信中加以分析。在持续上扬的趋势中，价格跌回某个点，商业买盘开始积极进货时，回折走势往往走到尽头。当我看到这种进货现象，便证实主趋势即将再次确立。

你说，你会看下一个较长期的趋势，观察它是否与操作吻合，那么，你如何决定下一个较长期的趋势是什么？

我从日线图看到周线图。

你如何在周线图上决定趋势是什么？

你可以使用趋势线，或者商业周线图上显示的较长期摆荡指标，或者回归（最适配曲线）。有许多方法可以确定趋势。你可以在低点之下或高点之上画一条趋势线，观察价格往哪个方向走。

如果你的趋势点往下，你便认为趋势往下，反之亦然？

是的。我使用一种工具，叫做移动平均交易带，除了我自己的画图套装软件，其他地方找不到。早在70年代初，赫斯特写了一本书，叫做《股票交易时机的利润魔术》。谈到这种东西，我的交易带和他的类似，不同的地方是它们的高度固定。

## 杰克·伯恩斯坦

把趋势选择纳入风险管理过程的另一位专家是杰克·伯恩斯坦。

杰克，你的方法中，哪个地方用到顺势操作？

所有共同的市场原则中，我把"顺势操作"放在很高的位置。每一年，我都必须记住这个教训，而且一再温习。所有的交易人都拥有寻找趋势的工具。正因为如此，当我们与趋势背道而驰，或者试图选取高点和低点时，尤其令人备感挫折。我要在确定趋势的原则中加进一点：如果趋势往上，在支撑点买进；如果趋势往下，则在阻力点卖出。假使交易人能做到这些简单的事情，他们将远离麻烦并赚钱。这是最起码该做的事。

杰克·伯恩斯坦是国际知名的期货分析师、交易员和作家。写了二十五本以上的书，谈期货交易、股票交易、交易人心理、经济预测等。伯恩斯坦还是《MBH期货交易周幸匠》的发行人，1972年发行迄今，拥有二十余年的操作经验，经历各种市况，并测试和交易过几百种操作系统。专长在季节性、周期、时机方法、操作系统、经济预测、市场形态等领域。

伯恩斯坦常上全国性的广播电台和电视台，也是《华尔街周》的常客。所做的预测和发表的意见，常为全球各地财金新闻媒体引用，是各种理财和投资研讨会的热门演讲人。

杰克当过临床心理学家，对交易人的行为有深刻的了解。他把对人性和交易人心理因素的认识，带到他的市场分析师和交易员的技术性工作上。

除了钻研交易人的心理因素，杰克也在期货市场率先使用无数技术性和季节性方法，包括关键日季节性分析、每日人气指标、MAC交易法、随机Pop指标、无数市场形态，以及各种短线和中线操作系统，如盘中关键时刻系统是专为当日冲销操作设计的方法。

杰克比较有名的著作包括《投资人智商》、《期货交易的季节性概念》、《新投资人智商》、《技术分析大师论金融操作》（寰宇出版公司译行，编号寰宇财金41）、《交易人为何赔钱与如何赚钱》、《商品周期手册》、《经济周期手册》，以及最近出版的《季节性交易人圣经》。也发行了很多独特的系统和软件程式。

你可以写信到MBH给杰克，地址是：P. O. Box353, Winnetka, IL60093。电话：(708) -291-1870。

## 第二章　顺势操作

**谈到顺势操作时，你如何定义趋势？**

趋势是相对于交易人的时间构架而言。对营业厅交易员来说，债券五分钟的上升趋势可能像一辈子那么长，但对银行内的中长线交易员完全没有意义。

你有盘中趋势、日趋势、周趋势、月趋势和年趋势。交易人不可能操作所有的趋势，甚至无法同时确定所有的趋势。想要那么做，只会把自己搞得一头雾水。

**交易人必须为自己选一个有意义的趋势长度。他们可以怎么做，你能提供什么样的准则？**

这部分属于心理层面。每位交易人必须找到能够泰然处之的时间构架。我想起《股票作手回忆录》（寰宇出版公司译行，编号寰宇财金62）中的一个故事。有个人去找杰西·李佛摩尔说，他买进很多股票，晚上睡不好觉。他问该怎么办。李佛摩尔说："你应该卖到能够睡好觉的地步。"为你的操作找到正确的时间构架和这个说法很像。你必须找出某种时间构架能让你的焦虑减到最低。在焦虑最低的情形下，你会做出最少的情绪性决策。

**你对新手交易人如何踏出第一步，有什么建议？**

有许多很好的季节形态或短期形态，前后达5天到20天之久。我认为，从心理来说，大部分交易人最能忍受这样的期时长。以交易人迅速获利落袋和让亏损愈滚愈大的自然倾向来说，操作较短期的时间构架，有助于你克服那些有害的情绪性冲动。

去年我做的一些研究，显示市场有个明显的倾向，也就是每14天左右换一次方向。上扬趋势中，市场倾向于上涨约14个交易日。当然了，不是每天都涨——然后回档，通常持续约四到六天。大部分交易人的停损点在这些小回档中触及，吓得出场。如果你做好心理准备，在这种时间构架中操作，你会做得好很多。

**谈谈你使用的某些趋势指标。你喜欢哪些指标？时间构架如何？**

以前我喜欢使用很多指标，年龄渐增之后，我学会事情应该尽量简单。在几乎所有的时间构架中，我使用的小技巧似乎能够回答和操作有关的大部分重要问题。这些问题有：趋势往哪里走、支撑在哪里，以及阻力在哪里。我喜欢的指标由一个移动平均通道构成，里面有十支移动平均高点长条图和八支移动平均低点长条图。

**你的高/低通道指标如何衡量趋势？**

如有连续两支价格长条图整个高于上移动平均线，趋势便转而上扬。趋势持续上扬，直到连续两支价格长条图整个低于下移动平均线。这种方法不算完美，但在确定趋势时机械性很强——我十分重视机械性。

**趋势上扬时，如果你在市场中，你只做多，而当趋势下跌，你只放空？**

没错。

**就趋势操作而言，你有没有其他一些小秘诀？**

如果你是非常短线的交易人，则在上升趋势开盘下跌时买进，在下跌趋势开盘上涨时卖出。你可以在收盘时轧平部位。

另一个已持续存在多年的重要关系，是开盘和收盘间的关系。在趋势上升的市场，收盘价往往高于开盘价。趋势下跌的市场，收盘价往往低于开盘价。

我喜欢的另一个小形态，由三支连续的价格长条图构成，每个长条图的高点愈来愈高，低点愈来愈高，收盘价也愈来愈高。当你看到连续三支这种价格长条图，便证实趋势上扬，买盘正累积中。相反的形态则适用于下跌趋势。

# 长线交易人

## 尼克·范尼斯

我访问过最长线的趋势追随者是尼克·范尼斯（NickVanNice）。

# 第二章　顺势操作

尼克·范尼斯从70年代末起一直追踪商品市场。他在爱荷华州达文波特附近的一座农场长大成人，祖辈也是非常成功的交易人。范尼斯家种了各式各样的谷物，而且懂得利用市场做避险动作，最后终于走上投机之路。

尼克是第三代交易人。祖父詹姆斯·范尼斯早在1920年就开始交易小麦期货。父亲乔·范尼斯创办商品趋势服务公司，是知名的图形服务出版商。尼克继承了父亲的衣钵，对市场的见解现在每个星期发表在《期货图形》，而且从1993年8月起，每个星期一上午在CNBC播出。全球最大的电子出版商路透新闻服务社也发布尼克的评论。

1993年夏，尼克在多伦多证券交易所向声誉崇隆的加拿大技术分析师学会发表演讲。1994年6月，他在芝加哥向全国引介经纪商协会解释个人许多成功的操作技巧。目前，尼克是市场技术分析师协会活跃的会员，常撰稿发表在《农业金融杂志》。

尼克的商品趋势服务公司地址是：P. O. Box32309, PalmBeachGardens, FL33420。电话：（800）-331-1069 或（407）-694-0960。

**尼克，你觉得顺势操作对操作成功有多重要？**

顺势操作对操作成功非常重要。我喜欢操作持续期间已达九个月以上的成熟趋势。我利用道氏理论定义我的趋势，这表示有一连串更高的中期高点和更高的中期低点（上升趋势时）。大致来说，除非市场出现至少九个月的明显形态，否则我不操作。那种时间构架中，以那种形态出现的趋势，在一段相当长的时间内很少见，因此以机率来说，值得操作。反之，根据我的观察，回档走势非常随机，几乎不可能去捕捉。

**等候一个趋势确立，9个月的时间似乎长得可怕。你是怎么想到要用那么长的期间？**

## 攻守四大战技

我发现过渡期，也就是从长期上升趋势转成长期下降趋势的那段时间，可能持续六到九个月。那段期间内，价格屡见起伏，几乎不可能操作。因此我选择放弃前面那9个月的时间。在我见到9个月的趋势之前，我不操作。再谈道氏理论，我希望形态中至少有三个更高的高点和三个更高的低点。

**你有没有看周线图、日线图或月线图？**

我在周线图上找趋势。

**如果你为等趋势发动而等上9个月，那么你想操作的平均长期趋势有多长？**

我所找的趋势介于三到五年之间。1980年代初以来，我们一直处于商品的跌势市场中。我要找的就是这样的趋势，也就是很长的走势。我感兴趣的只是这些大趋势的中间部分。

我晓得，有时我会牺牲不错的趋势性走势，就像目前（1994年春）的债券。大部分人都在放空债券，但我的系统还不准我操作。我觉得没关系，因为还有其他很多机会。

**你不会仍想做多债券吗？**

很想。如果我的模式发出买进讯号，我会站在多方。

**如果你需要9个月的时间等趋势确立，那么这表示下跌趋势的头九个月内你一直买进。这么说对吗？**

我会告诉你，我是怎么做的。回档程度需要多少，我有个标准。接着我很单纯地使用四周突破准则作为操作的中线过滤网。这么做的效果相当不错。

我不是一直待在市场中，很多时候我只是坐在那边，什么也不做。我的中线债券指标还是下跌。一旦在债券看到四周突破向上，我会寻找进场板机，做多债券。这个板机就是简单移动平均系统。

**这么做需要自律甚严，但你经过测试和根据经验，觉得应该这么做？**

我所做的初步测试，显示它的获利多于我们的"趋势创造者"系统（《商品交易人消费者报导》在中央对折的书页上加以追踪）。我正为《蜡烛线热线》用它来操作；但它和蜡烛线没有关系。今年到目前人人工为止，我们涨了约20%，成绩相当不错。

## 第二章 顺势操作

这么一来,你当然不会去抓头部和底部,不是吗?

确实如此,而这正是关键所在。有人想要比别人更聪明、行动比人快速,我等着看他们自取其败。

## 鲍伯·裘伯

鲍伯·裘伯11岁起就沉浸在市场之中。在那么小的年纪,伯父就引导他认识画图的艺术,以及如何买卖普通股。

60年代,他研究艾略特波浪理论和怀科夫法。大学时代他开始为朋友管理资金,并写了一份小型的投资新闻信。

在密西根州立大学取得财务学位毕业后,裘伯在一家公认合格会计事务所当会计师,做了一年,然后进入纽约证券交易所一家区域性经纪公司当研究分析员,专攻汽车和相关类股。

1974年离开公司,自创并购公司。1975年结束营业,全力投入他的技术基本面投资公司发行的三种新闻信:《明日股票》、《明日选择权》、《明日商品》。

50年代的投资研究重点倾向于基本面。技术研究在60年代盛行起来。裘伯结合了技术面和基本面研究方法,希望发展一种前后一致的高效率研究方法,用在股票、商品和选择权的投资上。

为了进一步满足订户的需求,1986年1月TFI开始提供TFI个人咨询专线。TFI透过这个工具,不只发行各种新闻信,也提供个人化的指导,并管理他们的投资组合。

鲍伯·裘伯现年48岁,已婚,育有三子,住在亚利桑纳州的斯科茨代尔。

TFI的地址是:P. O. Box14111, Scottsdale, AZ85267。电话:(602)-996-2908。

## 攻守四大战技

鲍伯·裘伯是另一位相当长线的交易人。

**鲍伯,在你使用的方法中,顺势操作重不重要?**

我发现顺势操作无疑是成功之钥。只要抓住几个趋势,你就不需要别的东西。甚至一个持续一年以上的不错趋势,可能是任何人那一年所需的唯一东西。如果你想违抗趋势,那你会一再停损出场。最好换到另一边,或者另找别的市场。

20年来,我平均一年经历三到四个不错的趋势,并发现自己一年最多可能错三或四次。只要抓住一个趋势,便能弥补很多损失。

秘诀在于,如能抓住一个趋势的中段部分,就可以赚到很多钱。一心一意寻找最低点或最高点,你会被烧伤许多次。等到底部终于到达时,你早就因为自己屡屡失败而失望,已经换到别的地方去找机会。我设法找到一个趋势一半的地方,不是找头部或底部。

**在你进场操作之前,如何确定市场出现什么样的趋势?**

利用季节性。我总是先用季节性图形。它们有助于我找到正要开始的趋势。

**你用谁的季节性图形?**

席尔森。

**没有季节性图形的市场怎么办?**

我通常避开它们。

**你比较日线图和季节性图形,好找出那些看起来合拍的东西。它们是你操作的可能对象?**

对。

**哪些主要市场没有季节性?**

大部分金融商品都没有季节性。

**货币呢?**

债券有季节性。货币一点都不像会成长的作物。

**黄金、白银、股票和债券也不会成长?**

不会,但它们受到年历的影响,例如年底效应。白银受工业需求影响,因此冬季时需求减缓。

日线图的趋势必须往季节性趋势的方向行进多久，你才愿意说趋势一致？

通常是四个星期。我希望见到一个月。

一旦你有了合格的操作对象，你如何向趋势的方向进场？

我通常在开盘时买进。对我来说，操作的另一个重要成分是2∶1的报酬与风险比率。

你没有时髦的进场方法或过滤网。看到有操作机会，你就进场？

是的。

可是你做得很成功。从这里可以看出，只要顺势操作，就不需要时髦的进场系统。这和大部分交易人所做的事情相反。他们花费全部精力，试图找出某种时髦的方法，让他们在一丝不差的正确时点做某笔交易。你是不是觉得那只是在浪费时间？

如果你是短线交易人，就不会浪费时间。如果你抢进杀出或企图在底部买进、在头部卖出，就必须这么做。我比较像是商品投资人。这个名词你很少看见。十年来，连我自己也没用过。仔细看看我的方法，你会发现那其实是投资，不是操作。

## 中线交易人

### 凯利·安格尔

凯利·安格尔最近停止发行新闻信，改当专职的资金管理人，属于中线交易人。

你对顺势操作观念的评价如何？

你提到趋势，我想意思是指主趋势。从统计学上来说，我发现长期而言，不顺着主趋势的方向建立部位比违背趋势操作要好。这个普通智慧的问题，在于交易人很容易发现，他们一做交易，期待中的大行情往往没有出现。如果所做的操作只赚了1000美元的利润，有些交易人不愿实现这么

## 攻守四大战技

少的利润，因为他们心里想着，顺着主趋势操作，应能赚到很高的利润才是。很遗憾，在今天的环境中，大部分主趋势操作不能产生很高的利润。

凯利·安格尔 42 岁，原籍堪萨斯州，1979 年接受栽培，担负父亲的油气采事业的营运控制工作时，接触到期货市场。他亲眼看到父亲只做一个黄金部位，已实现和未实现的利润便达 1 亿美元。凯利写了一本书，以他独特的方法介绍市场：《一亿美元的利润：剖析市场巨利》，由温泽图书公司出版。

凯利接着发展自己的操作策略，慢慢演变成顾问咨询服务业务"时机装置"，以及一家管理公司，叫做安格尔公司。两者都自 1986 年起营业。凯利宣称他有一种操作程式和其他的程式比起来，内在风险较低，潜在的波动性也较低。他把这个程式称做"丰饶之角"。这次访问之后，凯利成了专职资金管理人。

安格尔正为约翰怀利父子公司写第二本书，介绍许多有异传统的观念；这些观念对他操作成功很有帮助。安格尔的住处也是办公地点，地址是：24EastAvenue，Box1290，NewCanaan，CT06840。电话：（203）972-1776。传真：（203）972-3192。

**如果不顺着主趋势操作，则能怎么做？你会改采什么方法？**

从统计学上来说，你绝对应该顺着主趋势操作。准确率和波动幅度会比逆势操作有利。

在你的时间构架内，你应顺着主趋势操作。不管你是操作一个小时或一个月，总之，顺着主趋势操作便是。从统计学上来说，和逆势操作比起来，幅度和波动会愈来愈高，也愈能够量化。偏偏有些人喜欢逆势操作。

**如果你想在较短的期间内操作，那没关系，但务必确定你操作中期趋势时，也正操作较长期的趋势？**

## 第二章　顺势操作

对。假设你操作的市场一年来涨多跌少。把你的短期和长期操作分开来看，通常它们非常倾向于某一边。这是趋势使然。比方说，观察两年来（1992—1993年）的公债市场，你会发现所有的钱都来自在市场中做多。我不在乎你用什么方法操作，或者采取什么样的策略。你的短期操作是负债所在，也就是赔钱的原因。这是个例子，但你可以在债券市场测试50种不同的系统，而如果走势涨多跌少，那么你的负债来自企图逆势操作。

**你对主趋势下什么样的定义？**

你可以用40天以上的任何一条移动平均线来定义。我喜欢拿50天到60天左右的移动平均线来确定趋势。一超过40天，移动平均线的波动就相当缓慢。

**使用移动平均线时，你是看价格在它之上或之下，还是看平均线的方向？**

我看价格在移动平均线之上或之下。

**不同的市场你用不同的天数，还是都用同一个天数？**

我喜欢在所有的市场用同一天数的移动平均线。我不喜欢修改我的参数。每个市场我都用相同的系统参数。

**原因是？**

我不想求取任何市场的最适化状态。我发现一件事，也就是即使某个市场现在很平静，但三年内有可能变得很活泼。因此，为什么要求取最适化状态，为目前的市场环境修改你的系统参数呢？

我正试着在比较活泼的市场中操作。这些市场和交投下热络的市场外表类似。我希望一切事情都是开放的，一切适用于我想操作的所有市场，这样才不会把未来潜在的表现排除在外。

**如果根据你的长期指标，某个市场的趋势向上，如此你就会进场，还是会用其他的方法，修正调整是否进场操作？**

我所用的方法会被视为突破型。我会在目前的市场走势之上或之下下个市价进场单。我发现所有的指标，不管你是看随机指标、趋向变动值、变动率，所有这些东西都是在市场反应之后才反应。

我利用传统指标做了一些研究，可以确定主趋势或小趋势向上或向

## 攻守四大战技

下。所有的指标都上升时，我们会买进。我用每小时的长条图画日线图，试图找到走势的发动点。如果市场走得够远，推翻了各项指标，当天结束之前找不到进场点，直到隔天上午才找得到？则我们可能在上午十时或十一时见到讯号形成。那你会进场？

**我会在盘中进场。**

**如果收盘之前指标弹回另一个方向，你会采取行动或者视若无睹？**

什么都不做，因为所有的指标必须上升或下跌才是真正的讯号。这可以过滤杂讯。我有两级指标，分散在两个不同的时间构架，一个长，一个短。两个时间构架都上升时，我会买进。一般来说，其中一个和另一个冲突时，我会在场外观望。唯一的例外是走势已延长一段时间。一笔操作可能已维持四个星期，而且有9000美元的未实现利润。现在价格开始盘整，形成一个岩棚。接着短期的走势向下。你不是因为回档而停损出场，是因为短期指标转而向下才出场。这是捕捉延长走势65%以上到90%的最佳方法。不过这种走势很少发生。

随机指标等盘中指标可说相当差劲，尤其是在盘中注意它们时。我发现如果盘中出现一段大走势，使得你进场，则接下来一两天的走势可能已经结束。现在你有很大的危险问题。这种事情发生在盘中或收盘都无关紧要。

我设法在盘中进场，好把风险减低，在某种程度内，也确实能够做到。但后来我发现，这种指标有个特质，亦即落后市场。落后一个小时或一天都无关紧要，总之它们落后市场就是。

它们来得太晚，难以控制。它们迫使你在市场已经三级跳时进场。利用这种趋势追随法时，你必须使用由市场制造的停损点。或许几天之内，你可以把某种费波纳奇比率停损点或者类似的东西上移。在交投热络的市场中，由市场制造的停损点通常介于1000美元到3000美元之间。这笔钱太大了。

我已经不再用那种方法。有一年半的时间内，我用它用得很成功。进行假定检测时，21年内它有19年赚到钱。我最后决定不用这么大的原始停损点。

## 第二章 顺势操作

现在我有个系统,当市场价格受到挤压,我可以研判是否将突破,然后趁突破买进或卖出。

**你以长期指标为依归,但不光因它由空翻多就进场?**

对。

### 彼得·布朗特

彼得·布朗特1976年起涉足期货业。明尼苏达大学毕业,因素研究暨操作公司创办人兼执行长。旗下有三家主要的营运子公司:因素操作公司、因素出版公司、契约投资公司。

因素操作公司为自己的账户投资外汇市场、美国和国际政府债务证券、美国和国际股价指数市场、贵金属、能源市场、传统商品和其他衍生性金融产品。1981年起,因素操作公司在自营操作上,年复利报酬率达90%以上。

因素出版公司透过《因素》新闻信服务顾客,提供研究和价格预测。《因素》新闻信每月出版,每个星期还有电话热线服务。它是获利最稳定的新闻信服务之一,赔损率也稳定于业内最低。彼得乐于向人表示,《因素》从来没有一年不赚钱。

契约投资公司是家境外投资公司,设籍于巴哈马。它的受益凭证卖给非美国公民。契约投资公司投资于多个国际期货市场。

因素研究暨操作公司也和约翰马基公司合作出版:约翰马基在技术分析领域是最古老和最受尊敬的公司之一。因素研究暨操作公司和约翰马基公司共同出版《约翰马基通讯员》。这是一份研究性质的新闻信,目标是每年只找出期货市场的十大趋势。

彼得的 JMR/因素出版公司地址是:P. O. Box62100, ColoradoSprings, CO80962-2100。电话:(719)-471-6898。

## 攻守四大战技

我的老友彼得·布朗特也采中期时间构架。

**彼得，你觉得顺势操作的重要性如何？**

顺势操作在概念上是很棒的观念，但日常实务上很难执行。人们常在嘴吧上挂着这句话，实际上不一定了解。

顺势操作尤如表示你赞成美国人典型的做法。可是在你试着定义趋势时，问题来了。和操作时其他每一件事情一样，事后来看，趋势很清楚，但很难即时一眼看出。

使问题更复杂的是，在我眼里的上升趋势，另一位交易人却可能认为是下降趋势，因为没有两位交易人以完全相同的时间构架看市场。营业厅交易员可能以刚才的四档价格定义趋势。长线交易人可能除了月线图或四十天的移动平均线，什么也不在意。许多人利用顺势操作的概念，指出任何市场在任何时间只有一个趋势。

虽然我同意顺势操作的概念，但觉得应该注意两点：第一，交易人必须有一种精准的方法，为自己确定和定义趋势；第二，他必须了解，他的趋势可能和另一人的趋势不同。

我结合移动平均线为自己定义趋势。我在日、周、月价格上，使用十三期的移动平均线。它们给我很好的依据，用以判断趋势的方向。我不愿意违反我定义的趋势去操作。

另一个要点是，一个人操作时所用的时间构架，应该依据他定义趋势的时间构架。换句话说，在月线图或周线图上找趋势，却做当天的冲销交易，一点意义也没有。如果我是部位交易人，并用周线图或月线图进行操作，就不应该操心日复一日的趋势。

**你说，你是在日线图、周线图、月线图上用十三支长条图的移动平均线衡量趋势。你是不是必须见到三条移动平均线都往同一个方向走才操作？**

我必须见到日线图和另两种线图之一的移动平均线往同一个方向走。

**你如何运用移动平均线？**

我从移动平均线的方向看趋势。有时我可能拿移动平均线，特别是日线图上的移动平均线，判断支撑或阻力。

**价格所在相对于移动平均线的位置无关紧要？**

# 第二章　顺势操作

我用主观的方式评估这件事。如果我从日线图上看到某个市场明显处于整理区，我就不会很注意移动平均线的方向。我会拿其他图形资料和它并用。

**一旦趋势往特定的方向确立，你就会用典型的图形形态作为进场扳机？**

一点没错。

## 科林·亚历山大

拉瑟达侯爵科林·亚历山大是独立交易员、企业家、作家、《泉源期货新闻信》发行人，每天提供"泉源"电话热线服务。

科林著有《在商品期货市场捕捉整段趋势的利润》，由温泽图书公司出版，现在已经三次印刷。最近也为温泽图书公司写成第二本书，书名是《五星期货操作》，提到一个全属计量和使用容易的系统，可用以找出和操作大走势，如1972年乔治·索罗斯大卖英镑。

科林在斯托（Stowe，英国著名私立学校，大卫·尼文[DavidNiven]和摩洛哥王子雷尼尔[Rainier]都曾就读）、马格达伦学院、牛津、西柏林的自由大学受过教育，1963年移居加拿大。一直是北极地带成功的毛皮交易商，也是新闻记者、出版商和作家。

除上面谈过的两本书，科林也写了普获好评的《黄刀客栈之鬼》。这本书是以传统的文风写成的通俗、幽默诗集，彷佛出自罗伯特·佛洛斯特、欧格丹·纳什或汤姆·雷勒之笔。目前计划出新版，内含更多特别吸引商界和金融界的诗选，书名可能叫做《华尔街嘶声》。

科林设籍纽约州北部的奥格登斯堡，也住加拿大渥太华、英国伦敦。除了喜欢滑雪和游泳等一般娱乐，并写诗和致力提升操作技巧。

科林的通信地址是：812ProctorAvenue, Ogdensburg, NY13669。电话：(613)-745-5593。

## 攻守四大战技

科林·亚历山大是另一位中线交易人。

**科林，趋势真的是你的朋友？**

每个人都会告诉你，趋势是你的朋友，但除非你有行得通的定义，晓得趋势是什么，否则把这个观念付诸实际应用会碰到问题。比方说，某人趋势内的回档，在另一人则为趋势的转变。实务上运用这个概念时，你得有个标准，确定趋势是什么，以便用在操作上。

我的第一个也是最重要的标准是在周线图上找一个明显的形态，有连续更高的高点和更高的低点（上升趋势），或更低的高点和更低的低点（下降趋势）。我也用周线图上的趋势线，判断适当的趋势方向。

**你怎么画趋势综？**

我可以从高点和低点找到它们。只要有三个接触点，画出趋势的可能性便相当高。

这个方法的缺点在于，虽然它在金融市场很好用，但在忽上急下变动不停的活猪等市场，很难画出有意义的趋势线，因为在台约更换时有很大的缺口。不过，最近期期货的走势，可以让你管窥很大的画面。

**以活猪这个市场来说，由于很难得到较长期的趋势，这是不是表示你根本不去交易它，或者用不同的方式去交易？**

我会找其他的讯号，用不同的方式交易。

**你是不是还有其他寻找趋势的指标？**

在找尝试回答"趋势是什么？"的问题时，有第三个参数。我在日线图上看两条移动平均线：25日和40日。一般人认为，应往价格交叉的方向去操作。我完全推翻此说。对我来说，移动平均线显示方向时才有用处。一条移动平均线指向上方时，应是上升趋势，指向下方，则应是下降趋势。

有时会有额外的重大进场讯号，例如日线图上价格穿越一条移动平均线，同时移动平均线的方向发生变化，这些全在一两天之内发生。最好是在你计划操作的方向，于移动平均线上看到强劲的收盘价而获得确认。

**你是否曾经违反趋势指标而操作？**

偶尔会有一些情况，也就是一个岛形留在后边，如去年8月的贵金属市场。如果我们处于非常显著的支撑或阻力水准,偶尔我可能采取被看成是反趋势的操作。

很遗憾,有个这样的操作我没做,那就是1992年9月乔治·索罗斯在2.00美元的价位放空英镑的著名期间。在周线图和月线图上,很清楚可以看出,这是极高的价位,在这个水准之上,不可能再涨很多,而且随后可能大跌。你必须身手敏捷地操作这些事情,停止呼吸,期望能够建功。

## 麦可·齐积

约30年来,智商188的麦可·齐积,运用他的天分以及得自治疗家训练的见识,成为研究市场走势的分析师和学生。

1976年以后,他不断发行新闻信《金牛座》。《期货杂志》报导,根据读者的意见调查,它被选为第一名。齐积表示,十年来他发表的建议,单一合约净赚125万美元以上。

他写了18本书和系统手册,包括《投资人玩的游戏》(1981年)、《金牛座方法》(1983年)。此外,他也制做了很多录音带和录影带教材。《南方名人录》中有他的大名。齐积先生经常上财金电视节目。他偶尔开办研习会,并出席全球各地的专题研讨会。他的地址是:Taurus, P.O. Box767, Winchester, VA22604。电话:(703)-667-4827。

麦可·齐积是另一位中线交易人。

**顺势操作的原则有多重要?**

在我看来,此事几乎不言自明。我无法想象有人能够逆势操作,经常赚到钱。

对我来说,个中关键是先决定你要操作乡长的趋势或周期。采取短线操作或者非常短线的操作所看的趋势类型,和长线或中线操作所看的趋势

## 攻守四大战技

类型不同。不管你是短线操作或非常短线地操作，最好的方法是在较短的周期与较长的周期吻合时，操作较短的周期。这会减少操作的次数，但把所有不同的周期搭配起来，如此才能得到真正的趋势冲劲和动力。

有很多方法可以做到这一点。我最喜欢的一种方法，是用十四支长条图的随机指标周线图或随机指标月线图，有时则两者并用。当随机指标周线图或随机指标月线图往你的操作方向前进时，那是很有力的趋势指标。

**你不在意它处于什么水准，只希望它上扬好做多、下跌好放空？**

我有看它的水准。如果随机指标的读数极高，我会讨厌像平常那样积极加码。我曾见过随机指标上升到几乎飞出荧幕，而且好几个星期内，走势继续向上时，一直待在那边不动。我不相信一旦随机指标超过某个水准，就应该退场，因为我看过太多次这种说法站不住脚。

从心理学的观点来说，这些年来，我遇见很多朋友、客户和订户，他们希望与人有所不同。他们想要击败市场，并且坚持逆势操作。他们有时称自己为反向意见者。总有那么一次，他们挖到了矿脉，表现不错。他们抓到底部或头部。但整体而言，那是通往毁灭之路。顺势操作时，想击败市场已经很困难，何况逆势操作。交易人相信他必须靠逆势操作来击败市场，以展现自己的聪明才智时，事情总难称心如意。

设计一套新系统时，我想到的第一件事是要用什么样的方法确定市场的趋势为何。

**你说过，操作期间很重要。你喜欢的操作期间有多长？**

我所用效果最好的方法，涵盖的操作天数从3天到60天不等。我称它们为短线操作，其实应是中线操作。其中我最希望周随机指标对我有利，而且月随机指标也大致有利。

**如果你是在3天到60天的时间构架内操作，你会看日线图？**

会的。

**你在日线图上用哪种趋势指标？**

我观察的趋势指标很多。我利用魏尔德的趋向变动指数的不同长条图长度，不同的动量长条图长度。我看ADX以及ADX的水准，以及它是上升还是下降。

**你如何利用 ADX 解读趋势？**

我发现 ADX 通常在涨势市场中上升，在跌势市场中下降，这一点和我看过的一些文章与书籍所说不同。我使用十四支长条图的 ADX，并看它的四天动能。如果今天的 ADX 低于四天前的 ADX，而且其他的趋势指标也证实的话，就表示趋势已经改变，并且是向下。我从来不只依赖一种趋势指标。我希望见到数种趋势指标相互吻合。

**一旦你从周线图、月线图和日线图确定趋势，你会扣下扳机而进场？**

对。我用日线图、周线图、月线图的目的，是看不同长短的周期有没有呈现一致性。虽然我不是衡量周期本身，但我用随机指标来代替。

所有的指标都呈一致性时，则进场扳机会把买单或卖单放在每一件事都呈一致性那天的市场极端值之上或之下一到三档之间。这是最后的确认。有时我见到每件事情都一致，并把到价买单放在当天最高价之上两档处，但隔天市场却崩跌。这有助于我避开那种坏市场。

**你如何追踪这些指标？你有用电脑程式吗？**

没有，我用我们的 CQG 荧幕（商品报价图形盘中报价系统）。每天下午，我的副总裁吉妮·卡内尔和我会在一时左右市场收盘前坐下来。我们在萤幕上做所有的分析工作，直到下午 4：30 分左右。这件事要花三个半小时左右。我们上午也很早进办公室。我在上午 3 时到 4 时之间抵达，吉妮约 7 时来。我们花一个小时左右再把图形看一遍，探讨昨晚我们觉得有问题的任何事情，或者一夜来我们想到的任何事情。整个加起来，我们一天花在荧幕上的时间介于四个半小时到五个小时。

## 比尔·盖里

基本面派比尔·盖里是另一位中线交易人。

**对成功的操作而言，顺势有多重要？**

去年夏天，我在这方面学到教训。我注意两个基本趋势。第一个在周线图上。长线操作时，我很强调周趋势。我所说的中期趋势，是在日线图上看趋势线。

# 攻守四大战技

比尔·盖里在南伊利诺大学主修财务管理。商品操作事业生涯起于在伊利诺州中部一家大型碾磨公司当玉米采购员。六年内，除了当玉米采购员，也当过避险业务部门主管，在现货和期货市场都获得宝贵的经验。1961年开始用自己的账户操作期货，此后操作得很积极。

比尔当现货谷物采购员和避险操作者有了自己的一套见解之后，加入一家国际知名的研究公司，学习市场研究和商品价格预测的知识与经验。在圣路易的朗斯崔艾伯特公司担任饲料谷物研究员两年的期间内，比尔设计各种避险程式，并为美国一些最大的碾磨和加工公司准备每月的价格预测资料。

1967年，比尔成为一家小型区域性经纪公司的合伙人，担任副总裁和研究部门主管。1968年，他创立自己的研究公司商品资讯系统，出版一份新闻信，并对主要农业部门提供研究服务。CIS预测1972年谷物价格会创新高价，时间比这次历史性的多头市场发动早六到九个月，因而名震国际。

比尔的新闻信现在叫做《价格认知》，是解释1980年通货紧缩市场力量以及为何会使商品价格急涨局面结束的第一份主要刊物。《富比世》杂志在一篇特稿中，提到他在1987年股市崩盘前建议客户放空股价指数。

《巴隆》、《华尔街日报》、《亲农》、《农业学刊》和其他知名全国性刊物，经常提到他的名字。

如要免费试阅他的新闻信，地址是：CIS/PricePerceptions, 210ParkAvenue, Suite2970, OklahomaCity, OK73102。电话：（800）-231-0477或（405）-235-5687。传真：（405）-232-4354。

市场。如果我们处于非常显著的支撑或阻力水准，偶尔我可能采取被看成是反趋势的操作。

很遗憾，有个这样的操作我没做，那就是1992年9月乔治·索罗斯在2.00美元的价位放空英镑的著名期间。在周线图和月线图上，很清楚可以看出，这是极高的价位，在这个水准之上，不可能再涨很多，而且随后可能大跌。你必须身手敏捷地操作这些事情，停止呼吸，期望能够建功。

## 麦可·齐稹

约30年来，智商188的麦可·齐稹，运用他的天分以及得自治疗家训练的见识，成为研究市场走势的分析师和学生。

1976年以后，他不断发行新闻信《金牛座》。《期货杂志》报导，根据读者的意见调查，它被选为第一名。齐稹表示，十年来他发表的建议，单一合约净赚125万美元以上。

他写了18本书和系统手册，包括《投资人玩的游戏》（1981年）、《金牛座方法》（1983年）。此外，他也制做了很多录音带和录影带教材。《南方名人录》中有他的大名。齐稹先生经常上财金电视节目。他偶尔开办研习会，并出席全球各地的专题研讨会。他的地址是：Taurus, P. O. Box767, Winchester, VA22604。电话：（703）-667-4827。

麦可·齐稹是另一位中线交易人。

**顺势操作的原则有多重要？**

在我看来，此事几乎不言自明。我无法想象有人能够逆势操作，经常赚到钱。

对我来说，个中关键是先决定你要操作多长的趋势或周期。采取短线操作或者非常短线的操作所看的趋势类型，和长线或中线操作所看的趋势

## 攻守四大战技

类型不同。不管你是短线操作或非常短线地操作，最好的方法是在较短的周期与较长的周期吻合时，操作较短的周期。这会减少操作的次数，但把所有不同的周期搭配起来，如此才能得到真正的趋势冲劲和动力。

有很多方法可以做到这一点。我最喜欢的一种方法，是用十四支长条图的随机指标周线图或随机指标月线图，有时则两者并用。当随机指标周线图或随机指标月线图往你的操作方向前进时，那是很有力的趋势指标。

**你不在意它处于什么水准，只希望它上扬好做多、下跌好放空？**

我有看它的水准。如果随机指标的读数极高，我会讨厌像平常那样积极加码。我曾见过随机指标上升到几乎飞出荧幕，而且好几个星期内，走势继续向上时，一直待在那边不动。我不相信一旦随机指标超过某个水准，就应该退场，因为我看过太多次这种说法站不住脚。

从心理学的观点来说，这些年来，我遇见很多朋友、客户和订户，他们希望与人有所不同。他们想要击败市场，并且坚持逆势操作。他们有时称自己为反向意见者。总有那么一次，他们挖到了矿脉，表现不错。他们抓到底部或头部。但整体而言，那是通往毁灭之路。顺势操作时，想击败市场已经很困难，何况逆势操作。交易人相信他必须靠逆势操作来击败市场，以展现自己的聪明才智时，事情总难称心如意。

设计一套新系统时，我想到的第一件事是要用什么样的方法确定市场的趋势为何。

**你说过，操作期间很重要。你喜欢的操作期间有多长？**

我所用效果最好的方法，涵盖的操作天数从 3 天到 60 天不等。我称它们为短线操作，其实应是中线操作。其中我最希望周随机指标对我有利，而且月随机指标也大致有利。

**如果你是在 3 天到 60 天的时间构架内操作，你会看日线图？**

会的。

**你在日线图上用哪种趋势指标？**

我观察的趋势指标很多。我利用魏尔德的趋向变动指数的不同长条图长度，不同的动量长条图长度。我看 ADX 以及 ADX 的水准，以及它是上升还是下降。

**你如何利用 ADX 解读趋势？**

我发现 ADX 通常在涨势市场中上升，在跌势市场中下降，这一点和我看过的一些文章与书籍所说不同。我使用十四支长条图的 ADX，并看它的四天动能。如果今天的 ADX 低于四天前的 ADX，而且其他的趋势指标也证实的话，就表示趋势已经改变，并且是向下。我从来不只依赖一种趋势指标。我希望见到数种趋势指标相互吻合。

**一旦你从周线图、月线图和日线图确定趋势，你会扣下扳机而进场？**

对。我用日线图、周线图、月线图的目的，是看不同长短的周期有没有呈现一致性。虽然我不是衡量周期本身，但我用随机指标来代替。

所有的指标都呈一致性时，则进场扳机会把买单或卖单放在每一件事都呈一致性那天的市场极端值之上或之下一到三档之间。这是最后的确认。有时我见到每件事情都一致，并把到价买单放在当天最高价之上两档处，但隔天市场却崩跌。这有助于我避开那种坏市场。

**你如何追踪这些指标？你有用电脑程式吗？**

没有，我用我们的 CQG 荧幕（商品报价图形盘中报价系统）。每天下午，我的副总裁吉妮·卡内尔和我会在一时左右市场收盘前坐下来。我们在萤幕上做所有的分析工作，直到下午 4：30 分左右。这件事要花三个半小时左右。我们上午也很早进办公室。我在上午 3 时到 4 时之间抵达，吉妮约 7 时来。我们花一个小时左右再把图形看一遍，探讨昨晚我们觉得有问题的任何事情，或者一夜来我们想到的任何事情。整个加起来，我们一天花在荧幕上的时间介于四个半小时到五个小时。

## 比尔·盖里

基本面派比尔·盖里是另一位中线交易人。

**对成功的操作而言，顺势有多重要？**

去年夏天，我在这方面学到教训。我注意两个基本趋势。第一个在周线图上。长线操作时，我很强调周趋势。我所说的中期趋势，是在日线图上看趋势线。

## 攻守四大战技

比尔·盖里在南伊利诺大学主修财务管理。商品操作事业生涯起于在伊利诺州中部一家大型碾磨公司当玉米采购员。六年内，除了当玉米采购员，也当过避险业务部门主管，在现货和期货市场都获得宝贵的经验。1961年开始用自己的账户操作期货，此后操作得很积极。

比尔当现货谷物采购员和避险操作者有了自己的一套见解之后，加入一家国际知名的研究公司，学习市场研究和商品价格预测的知识与经验。在圣路易的朗斯崔艾伯特公司担任饲料谷物研究员两年的期间内，比尔设计各种避险程式，并为美国一些最大的碾磨和加工公司准备每月的价格预测资料。

1967年，比尔成为一家小型区域性经纪公司的合伙人，担任副总裁和研究部门主管。1968年，他创立自己的研究公司商品资讯系统，出版一份新闻信，并对主要农业部门提供研究服务。CIS预测1972年谷物价格会创新高价，时间比这次历史性的多头市场发动早六到九个月，因而名震国际。

比尔的新闻信现在叫做《价格认知》，是解释1980年通货紧缩市场力量以及为何会使商品价格急涨局面结束的第一份主要刊物。《富比世》杂志在一篇特稿中，提到他在1987年股市崩盘前建议客户放空股价指数。

《巴隆》、《华尔街日报》、《亲农》、《农业学刊》和其他知名全国性刊物，经常提到他的名字。

如要免费试阅他的新闻信，地址是：CIS/PricePerceptions, 210ParkAvenue, Suite2970, OklahomaCity, OK73102。电话：（800）-231-0477 或（405）-235-5687。传真：（405）-232-4354。

## 第二章　顺势操作

去年夏天我非常看涨谷物后市，一直到夏天都还做多。我没有理会 7 月间中期趋势线遭跌破的事，因为我晓得长期趋势仍在上升。结果我抱牢那些东西，一路跌到夏末，而那时的长期趋势仍然看涨后市。最后的结果还不错，但如果我在趋势线跌破之后先出场，再进场，成绩会更好。现在我更为重视日线图趋势，作为摆脱回跌或不利走势的方法。

**整体而言，要当个成功的交易人，顺势操作的观念有多重要？**

绝对有其必要。我没看过有人利用摆荡指标或超买超卖指标作为主要的指标，不断抢进杀出市场而能赚到钱并保住那些钱。赚大钱的人总是因为抓住大行情。他们不会抢进杀出市场，也不逆势操作。

**好吧，如果你现在主要看日线图，而不是看月线图或周线图，则市场必须往某个特定的方向行进几天，你才会满意地认定那就是趋势？建立趋势时，你观察什么样的时间构架？**

我等到从超买区发出 RSI 卖出讯号以及等到 ADX 线转而向下，便认定上升趋势结束。这表示中期趋势已经结束。轧平多头部位之前，我也希望在图形上看到头部排列。空头市场则为相反的情形。我给市场很大的活动范围和很多空间。

**你如何从日线图上确定中期趋势是什么？是看 RSI 高于或低于 50？**

不是，我连在日线图上也用基本的长期趋势线。

**要是你看到趋势线突破就退场观望，那么是什么原因会使你看跌后市，并说趋势向下？**

我会回到周线图。如果我们的周线图仍处于上升趋势，我不会放空。

**这么说，你希望见到周趋势线和日趋势线一致，才会建立部位？**

没错。

**而你单单使用日线图决定轧平部位。**

是的。

29

攻守四大战技

# 短线交易人

## 史丹·塔穆雷维奇

史丹·塔穆雷维奇在密西根大学和威斯康辛大学拿到理科和生物学学位，1969年放弃自然科学，投入投资的事业生涯。他最早在贝奇公司当营业员，专长是短线操作。历经60年代末狂飙的年头以及接踵而至的空头市场，史丹学会集中精力在短线操作上，并因此爱上商品。

1980年起史丹独力打拼，目前管理账户的投资事宜，并设有每日的电话/传真顾问咨询服务，叫做《市场热线更新》，并发行操作技巧和系统。他的材料无论初学者或专业人士都适用。

恪守纪律和资金管理，对他25年来的商品操作成功有帮助。他指出："70年代以来学到的教训，在90年代继续开花结果。剧本并没有差太多，只有演员变了。人的七情六欲及心理亘古不变。"史丹又说："我建议交易人借用随手可得的最好观念，加以修改，使适合自己的风格与安心水准。"

他总是乐于分享自己累积下来的经验。请拨电话（608）-277-8734找他，索取资讯的地址是：OneGeorgetownCourt，Madison，WI53719。

在短线交易人中，我找到了史丹·塔穆雷维奇。

**史丹，你对顺势操作的观念有什么样的看法？**

大家都认为顺势操作是很重要的事，我也一样。为了这次访问，我回

## 第二章　顺势操作

顾了2月1日以后的最近19笔操作，其中竟有高达58%是明显的逆势操作，很难叫人相信。同样难以置信的是，我采用逆势操作赚到的利润竟是顺势操作的6倍。这事真的叫我百思不得其解，因为我晓得从趋势的角度思考的重要性。

看趋势时，我看的是十周和二十日趋势。我拿它们做参考，因此对市场产生一种感觉。我下拿它们作为讯号，只是作为参考。要做逆势操作，你非得严守纪律不可，我在操作时正是严格遵守纪律。

事实上，趋势真的在运作、会延伸，想当逆势交易人是危险的游戏。但到了某一点，你可以看出市场即将转变方向，我就是在这个地方设法掌握，而且大部分时候设有停损点。

长线操作真的很令我坐立不安。

**为什么？**

和你投入的资金相比，波动很激烈。建立一个部位，看它赚了600或800美元，然后吐回80%，不是我所说操作时能够安心的情形。

**所以你只是为了安心，自然而然倾向于采用较短的时间构架？**

一点没错。我不使用任何电脑化的技术。我一天看一次图，而且用手工更新图形。图形真的会和我讲话。某件事情即将转变，以及我应该正视某笔操作时，我会有感觉。它会跳到你眼前。我能够在一天之内更新图形，但得到一片空白。隔天再画，便有一笔操作等在那里。

**你做这件事做了多久？**

1971年起到现在。

**你觉得一个人要花多长的时间，才能取得和你一样的经验，去做那样的操作？**

如果你的感觉够敏锐的话，或许两三年内就能做到；你至少必须手画图形两年。

**这么说，其实你看趋势的方式和大部分人不同。你不需要市场以某种方式呈现趋势才进场操作。你看的是比较短期的走势。你只看几天的市场走势。这么说合适吗？**

或许可以这么说。动能和我所做的事有很大的关系。比方说，如果你

## 攻守四大战技

看到底部触及,然后有个小反弹,再震荡向下,呈现 A-B-C 的形态,而且市场不再下跌,这时便是设停损进行多头操作的绝佳机会。我所找的便是这样的东西。

**即使为期短暂,你也希望市场往对你有利的方向走?**

一点没错。但如果我对某笔操作特别放心的话,我往往会在开盘时便进场。

## 詹姆士·柯尼夫斯

詹姆士·柯尼夫斯博士是剑桥金融管理公司(设立于 1987 年)和剑桥商品公司(设立于 1977 年)的创办人兼总裁。他在这两家公司发展出范围很广的股票、固定收益、商品和外汇市场预测模式。这些模式构成每一家公司为各个机构、计划主办者、企业客户操作的基础。

自创公司之前,柯尼夫斯博士是麻省理工学院土木工程系的专任教授。也曾在匹兹堡、普林斯顿、哈佛、北卡罗莱纳各大学任教或讲课。

他写了两本书和几篇学术性文章,谈应用经济学和工业组织,并受聘于无数企业、金融公司、政府机关。在俄亥俄州立大学攻读的经济学博士学位(1971 年)、在佛罗里达大学获得文科硕士学位、在罗耀拉学院拿到英文和数学学士学位。目前是麻省理工学院的访问教授,在先进工程研究中心教全球金融市场课程。

柯尼夫斯博士在期货和选择权市场操作已有 18 年,所做的研究,已为业内特有的几项产品提出专属的价格预测模式,并发展出剑桥货币覆盖程式,被视为投资管理的先驱。

他的地址是:Cambridge Financial Management, Inc., 55Cambridge Parkway, Riverfront2, Cambridge, MA02142。电话:(617)-621-8500。

## 第二章 顺势操作

詹姆士·柯尼夫斯是另一位短线交易人。

**你对顺势操作原则的看法如何？**

理论上，这是非常崇高的观念，但实务上做起来相当困难。部分原因是市场不是随时都有明显的趋势。事实上，根据我的研究，约1/3的时间内，市场不是处于我所说的波涛汹涌，便是呈现微弱的趋势。另1/3的时间则不涨不跌或横向移动。观念上我支持那个想法，也设法去做，但不容易。如果要我把你的四个原则排出高低次序，这肯定不是排在最高位置。

**如果你不是顺势操作，那你是怎么做的？**

你得设法准备顺势操作。换句话说，你一定要确保自己不错过趋势。你必须往这个方向或那个方向建立部位。你可以利用选择权策略，对你的趋势部位做避险动作。你至少可以避开严重的亏损，以冲抵期货反转的走势，或在没有趋势时，从选择权操作得到补偿。

**谈到顺势操作，你需要定义哪种趋势对你有利，对不对？**

是的。

**能不能举个例子？**

可以。如果根据我们的定义，确实有趋势存在，则我们的操作系统总是做多或放空。我们有十六种技术面变数和一种基本面变数。基本面变数是种六个月的基本面预测值，在整张项目清单中只占很小的份量。十六种技术面变数中，有三个趋势变数，第一是随机量数。第二是威尔兹·魏尔德的趋向变动指数必须呈现正值。第三种移动平均数组合，也必须呈现正值。三个变数都呈正值时，我们就有上升趋势。三个变数都呈负值，则有下降趋势。这是绝不含混的量数——三种技术面变数都处于相同的组态。

**且让我们逐一讨论。使用随机指标的时候，你是不是在所有的市场都用相同的时间长度？**

不是。这么多年来，我们用电脑做过测试，决定给每个市场略微不同的长度，但通常在九到十六天之间。

**因此你已为各个市场的变数取得最适值。许多人认为这么做很危险，你的看法呢？**

我发现那么做很有用，因为我们每季重新设定最适值。我们一直把它

## 攻守四大战技

当做研究工作，而且做起来很花钱。但我不是只看随机指标。用到随机指标的时候，是预测趋势的转折点。

**正常情况下，人们是在随机指标高于 50 或低于 50 时，才把它当做趋势指标用。你是不是也这样使用？**

是的。我们也看极高值和极低值，把 75 和 30 看成是极值的门槛。它具有双重功能。其一是趋势开始时发出讯号；其二是指出趋势可能接近完成。随机指标影响一个部位的尾随停损点。当它到达超买区，就会影响尾随趋势设定的到价卖出停损点（对多头部位而言）动得更快。

**你列出的另一个指标叫趋势变动指数。你是不是也在不同的市场使用不同长度的趋势变动指数？**

是的，不过变化较小大约十到十四天。

**那是由两条移动平均线构成？**

对。上升趋势中，短天期移动平均线必须高于长天期，而且两者必须都上扬。下降趋势中，短天期移动平均线必须低于长天期，而且两者必须都向下。这是我们使用的三大趋势指标。

**它们是不是绝对的过滤网，除非三者都为正值，否则不建立多头部位？**

不。操作时没有什么东西是绝对的。十六种变数中，有一种是我们有名的剑桥钩，可以推翻其他每一样东西。这里面有某种程度的自由裁量空间。但整体而言，我要说，五次操作里面有四次必须吻合那种形态，也就是三个都是正值或三个都是负值。一旦三者都转为正值或负值，便很有可能保持那种状态数天之久。

**从你使用的指标长度来看，它们相当短。因此你得设法很早就踏进趋势中？**

对。这和你迅速认赔的第二个原则相同。

## 葛连·李恩

葛连·李恩（Glen Ring）是另一位短线交易人。

# 第二章 顺势操作

葛连·李恩有二十年以上的市场经验。他最早参与市场活动是在种植农产品时。此后，抱着对市场的热爱之情，当上营业员、分析师、营业厅交易员的顾问、行销公司经理、交易人。

葛连是《期货趋势》（TrendsinFutures）的主编。这是透过邮寄或传真的每周新闻信，分析三十四种市场，主要是根据技术面和心理面分析，提供建议给交易人和其他的市场参与者。葛连也制作《交易人最新资料》（TraderUpdate），每天利用传真和电子线路，更新目前的市况资讯。也撰写很多文章，刊登在《期货》（Futures）杂志上，并制作一套录影带演说系列。

葛连是很受欢迎的专题研讨会主持人和会议演讲人——擅长于引介简单的方法，用到期货操作和分析上，备受赞誉。

在继续做出高水准分析的同时，1990年代葛连把很多心力集中在操作的过程上——整理经常性操作成功的交易人特质。

葛连的地址是：P. O. Box6, CedarFalls, IA50613。电话：（800）-221-4352 或（319）-277-1276。

**葛连，对你来说，顺势操作有多重要？**

顺势操作虽然很重要，却并非关键所在。它是整个谜团的一部分。调整你的操作风格，使它适合本身的个性，这事儿十分要紧。

做到这一点，对绝大多数人而言，顺势操作非常重要。如果你还没有成为操作过程的专家，最保险的操作方法是顺势。

在你能够顺势操作之前，必须做的第一件事是花点时间，定义趋势对你具有什么样的意义。不少人说他们希望顺势操作，但请他们定义趋势时，却说不出所以然来。找出趋势的方法无限多，但关键是拥有某种明确的方法。务必发展出一种策略，让你尽早发现趋势。

## 攻守四大战技

在人们试图确定趋势对自己具有什么样的意义时，他们可以有哪些选择，你能提供何种指导准则？

你必须专心致志于学习如何操作。先娴熟简单的技巧。刚开始的时候，定义一种简单的趋势确认方法，然后练习得非常熟练。你可以使用移动平均线或高点愈高、低点愈高的原则确认上升趋势，以及用高点愈低、低点愈低确认下降趋势。如果你要用高点愈高和低点愈低，则务必准确定义什么叫做高点和低点。

时间构架不是也很重要吗？

看什么状况而定。对我来说，趋势形成摆动形态（swing pattern）时，时间构架很重要。但时间不见得很重要，因为如果它很重要，则点数图（point and figure charts）就没办法运作。点数图剔除了时间。

总归一句话，必须要有定义。尽己所能去定义，好把胡乱猜测的成分降到最低。

你如何定义趋势？

就多头部位而言，我找的是高点愈高、低点也愈高的摆动形态。形成摆动形态最少要有三天。

你是用日线图或周线图？

两者都用。我会设法找出不同程度的趋势。我在日线图、周线图上确定趋势，甚至用到月线图。

# 趋势改变研判者

## 菲丽丝·卡恩

我找了几位顾问师（交易人）一谈，他们试着事先研判趋势会不会有所变化，而不是等著它们发生。菲丽丝·卡恩是这样一位。

## 第二章 顺势操作

菲丽丝·卡恩撰写唯一的"纯甘氏"新闻信,称做《甘氏角度》,1983年以后每月发行。经验丰富的交易人对卡恩不陌生,因为15年来她经常演讲和主持甘氏理论的专题研讨会。

大学念了两年,便因早婚以及让她先后念完医学院而放弃研究经济学。生了三个小孩,19年后,她终于做好准备,开展自己的事业生涯。

她和一位女性朋友每年寒假都拿钱赌上一把。1969年,她们决定把手头上几千美元的赌金,带到一家商品经纪公司。"我们什么也不懂,因此决定静静坐着,看看周遭发生的事情。"她解释说:"我们听到营业员交易猪腩。几个星期后,我们确定成功的最好方式,是跳过营业员。"

可以想象和营业员背道而驰的策略,使菲丽丝马上赚到钱。她开始为亲戚操作,下一步自然而然当上营业员。

1976年,卡恩发现甘氏理论。"这正是我一直在找的东西。我开始在晚上针对所有重要的商品,画甘氏式的周线图和月线图。两年内,我一直很努力。我放弃了社交生活,而且可说一个星期工作七天。此后我便沉溺在甘氏的方法中。"

对于有志者更上一层楼的甘氏理论追随者,菲丽丝建议去看甘氏的著作《商品获利法》。她提醒交易人:"只要碰到有人想以数千美元的价码,买你所谓的甘氏投资秘诀,务必跑到最近的出口,千万不要用走的。"

菲丽丝住加州卡梅尔。她为别人管理账户、操作自己的账户、发行新闻信。地址:495TrinityAvenue,SuiteA,Seaside,CA93955,或打电话:(408)-393-2000。

## 攻守四大战技

**菲丽丝，对甘氏理论信徒来说，顺势操作有多重要？**

我认为顺势操作非常重要。你得知道现在是什么趋势，而根据我的研究，你能够知道这点的唯一方式，是看月线图和周线图。在我们开始顺势操作之前，必须了解我们操作的期间有多长。我是部位交易人。做当日冲销交易的人，不需要看时线图以外的趋势，因为对他们来说，时线图就等于我看的月线图。即使你当天抢进杀出，顺势操作还是很重要。

**假设你晓得自己的操作时间构架，则如何确定趋势？**

想要进场或出场，周线图上必须有讯号才行。进场时我用到一些指标、期间、期间的乘数，以及时间丛集。我根据周线图操作时，会希望那是好几个星期的操作。要是不能立即照我想的那样走，我会出场。它必须照我想的方式去走。

**你看哪种指标？**

最重要的是我的甘氏计时指标，它和时间百分之百相关。某一周或一周内的某一天，我会预期走势将反转。我等到反转发生后才进场。进场前我会下个到价买单或到价卖单，并让市场带我进去。

我会在距极低值或极高值一段距离的地方，下到价买单（用于反转向上时）和到价卖单（用于反转向下时）而建立部位。我在每个市场用到的距底部（或头部）距离不同。我的时间丛集到达时，我就会自动下这些到价单。

时间窗口很短。在目标日的每一边，只有数天之久。要是市场没有马上触及我的到价进场单，我便取消它们。

**时间窗口有多长？**

五天。

**市场必须离开极值多远，才会让你进场？**

拿标准普尔指数来说，多头部位是在时间窗口中前一日高点之上四十点。空头部位则在时间窗口中前一日低点之下四十点。

**可以想象，低点之后的次日你可能进场。**

我可能在低点当天便进场。

**你用什么样的周期长度产生你的时间丛集？**

## 第二章　顺势操作

产生这些时间丛集，我用的最短周期是三个月，也就是年历上的九十天周期。我也使用九十个交易日、一百二十天年历日和交易日、一百四十四天年历日和交易日，以及一百八十天年历日和交易日。我使用所有这些周期，因此在我得到讯号时，那便是真正的好讯号。我不去抓底部或头部。我要求市场先反转再进场。

**你如何获得四十点的差距？它从何而来？**

只是靠观察。

**不同的市场，长度不一样，但你在所有的市场使用相同的原则？**

是的。时间周期丛集是启动因素。

**如果你真的能在底部出现的那一天进场，怎能说这不是在抓底部呢？**

因为市场必须从跌势反转为涨势。

**采取相同的一般性方法，并以稍多一点的确认来略加修改，会是相当容易的事。比方说，可以等到低点升高的那一天出现，然后在高点之上四十点处下单。**

对。

**菲丽丝，老实说，你不是真的采取顺势操作的方法。其实你是逆势操作。你是在事先研判趋势会改变的情形下进行操作。但其中的好处是万一错了，风险很低。**

一点没错。如果你是用到价买单进场，就必须在所产生的低点以下不远处下保护性的到价卖单（停损卖单）。所以这样的操作风险很低。

**如果有人认为顺势操作是指根据已确立的趋势去操作，那么你不觉得那很重要？**

不，我不觉得对我的操作系统来说那很重要。事实上，我的所作所为刚好相反。从那个角度来说，我不算顺势操作，而是逆势操作。除非见到反转，否则不一脚踏进。

### 一个小反转

当然了，一旦一个新趋势已经确立，你可以守着操作相当长的时间，只要在部位之后移动停损点就可以。随着时间的流逝，你将抓到一些大反转点。

39

## 汤姆·艾斯普雷

> 汤姆·艾斯普雷为国际公认的电脑化技术面市场分析开路先锋。1982年起对机构投资圈提供外汇市场分析，而且他的方法现在有其他许多专业分析师使用。也在欧洲、亚洲和北美洲为外汇经理人和交易员开办训练课程。
>
> 艾斯普雷每天的传真分析服务《艾斯普雷外汇交易人》提供给全球各主要国家的外汇市场专业人士，对美元一针见血的看法广受敬重。他的分析不只涵盖所有主要货币即期汇率和交叉汇率的交易水准，也触及全球金融市场的大画面，以及国际事件对货币汇价的冲击。
>
> 除了每天包含短期操作建议的报告，汤姆也利用特有的方法，发展出中期货币趋势分析。他的评论包括回顾最近的市场活动，并展望未来一周。在重要的经济资料公布后或者市场发生变动之后，也发表特别报告。
>
> 财金新闻媒体广泛引用艾斯普雷所说的话，如《华尔街日报》、CNBC、期货杂志。他也与人合著《期货市场商业指南》，是美国谈技术分析的重要著作之一。他在全球各地的Compu Trac研讨会上担任演讲人。
>
> 汤姆·艾斯普雷的地址是：P. O. Box2141, Spokane, WA99210-2141。电话：(509) -838-0434。

汤姆·艾斯普雷也试着事先研判趋势变化。

**汤姆，对你来说，顺势操作不是那么重要的原则，是不是？**

是的，但大部分的钱都是这么赚来的。大多数时候市场没有趋势可言。约占70%的这种时候，我运用一套准则。市场呈现趋势的另外30%时间里，

## 第二章　顺势操作

我运用不同的策略。观察长期的损益分析，绝大部分的利润的确来自有趋势的期间。在那样的市场中，运用全新的一套操作准则，对我来说很重要。

这可以说是资产配置的问题。初步建立部位之后，如果证据浮现，显示市场呈现趋势，我会掌握任何修正走势加码，直到建满整个部位。比方说，如果我准备最多拥有十口合约，则只在呈现趋势的市场中买满十口。要是我一年能抓到一两个大趋势，就会丰收。

**谈谈你的第一个部位。你愿意在趋势明显确立之前建立第一个部位？**

是的。

**后来的合约是在大走势中买进？**

如果我确定市场出现趋势，就会大幅改变我的风险管理风格，并允许自己守着部位一段更长的时间。

**在你初步操作时，总是预期趋势会变化。可以这么说吗？**

可以。

**极值（头部或底部）出现后多久，你愿意进场？距头部或底部多近的地方，你愿意建立起始部位？**

相当接近的地方。我利用一系列的技术面研究，而且根据那些讯号的强度，往往会在相当接近后来证明是重要高点或低点的地方，开始建立部位。要是你观察黑里克报偿指数或能量潮等东西（有多重正分歧），你也可以在日线图和周线图上看到类似的排列。当那些分歧获得证实，你就建立部位，稍后等到市场出现趋势时再加码。

**距底部多近的日子，你有可能进场？**

我往往在底部出现之前一两天就进场。如果第一个部位因为停损而出场，我通常会在心理上准备重回市场。不管做哪一边，可能两三天内就重回市场。

**可不可以告诉我们，在趋势不是明显确立以及趋势明显确立两者间，你用的方法有什么不同的地方？**

如果我没看到有趋势的迹象，则倾向于接受蝇头小利。我建立的部位维持三到五天，并设定相当紧的停损出场点。这样的操作，我不想冒太大的风险。如果处于有趋势的市场，我会用较宽的停损出场点，并给所做的操作较广的空间。一旦我见到迹象显示市场再次从有趋势走向无趋势，我会逐步轧平部位。

**你是不是有办法可以定义趋势明显确立？**

我综合运用从魏尔德的趋势波动指数而来的 ADX 和 ADXR。我已把其他几种方法和 ADX、ADXR 结合成我所说的 APM 趋势观测。这个指标从零到正四，我也算它的移动平均数。

根据历史资料，如果它高于正二的水准，表示处于有趋势的状态。趋势性特别强的市场中，它会锁定在正四的水准。这时 ADX 可能继续上升到 50 或 60。然后随着 APM 趋势观测开始转下，便是趋势正在减弱的初步迹象。

**APM 趋势观测到底是什么？**

它是一种我们专用的指标，不过可以这么说，它是观察 ADX 和 ADXR 之间的关系，不管 ADX 是不是高于 ADXR。我利用九期相对于十四期的 ADX。这里面还有其他的要素，一些移动平均数和其他一些复杂的线性回归通道方法，也能让我了解市场处于有趋势或无趋势。

**你有四个指标，而当它们都呈正值时，便表示正四？**

没错。

**你主要是在日线图、周线图还是月线图上算你的指标？**

操作时我用的是日线图。如果要抓取重要的底部或头部，则周线图比较重要。根据日线图的分析建立趋势性部位之前，我需要从周线图的分析看到将有重大变化的某些迹象。先是周线图，然后是日线图。

## 罗伯·麦勒

罗伯·麦勒也是甘氏理论的信徒和事先研判趋势将有变化的交易人。

**你认为顺势操作有多重要？**

十分重要。我不懂为什么你要逆势操作。趋势是相对于你正在操作的时段而言。你必须有一套方法，让你了解在你想操作的时间构架内，市场处于什么样的状况。举例来说，我通常寻找在中期趋势操作的机会，也就是约三个星期到二个月的趋势。我找的是中期的起伏，亦即持续几个星期的趋势。

# 第二章　顺势操作

罗伯·麦勒是活跃的期货交易人,写了一套《动态交易人》软体程式。《动态交易人》是很特别的技术分析程式,里面包含广泛的技术训练课程,并教导交易人操作策略,把所做的分析纳入周延、有条不紊的操作计划中。也是《动态交易人分析月报》、《动态交易人传真周报》的主编及发行人。

麦勒的咨询顾问月报和周报,重点放在提供订户操作教育。每份月报的内容含广泛的实务分析操作指导和操作策略技巧或周延的市场研究报告。每份传真周报也详细解释操作决策所用的分析。麦勒相信,教育交易人了解分析技巧与操作策略和提供市场预测及操作建议一样重要。

他相信他在技术分析领域所作的最重要贡献,在于他独特的时间和价格分析方法与预测技巧以及能把这些方法和实务上的操作策略整合起来。麦勒是1993年罗宾斯交易公司世界杯期货交易冠军赛专业组的赢家。这是拿真的钱,作为期一年的真实比赛。

文章散见期货杂志、《股票与商品技术分析》、《甘氏/艾略特技术派》、《交易人世界杂志》,以及《几何研究论坛》。

罗伯·麦勒的动态交易人公司（DynamicTradersGroup, Inc.）地址是：6336N. Oracle, Suite326-346, Tuson, AZ85704。电话：（520）-797-3668,传真：（520）-797-2045。

**你如何确认你的时间构架内,趋势为何?**

我并没有一种客观的方式,能够说这就是趋势。我所有的研究都放在时间和价格上。特定的时间和价格关系告诉我某个趋势变化已经发生。至于趋势变化将有多重要,则看它相对于我预估的波动程度有多大。如果我已从中期波动计算出预估值,接着有某种时间价格关系出现,那么很可能将有中期的趋势变化。此外,我利用艾略特波浪形态来说明我所处的趋势程度。

**攻守四大战技**

**你并没有那么在意趋势是否确立。你找的是一个地方，以便相当快速地确定趋势转变。**

一点没错。从我的观点来说，等到趋势确立并为人看出呈现某种程度的趋势，则它已经结束。至少趋势已经走了一大段距离，变得很难进入市场。

**所以你不像其他大部分人，一样使用趋势指标。大部分人认为趋势很重要。假设我想操作某个中期趋势，因此直到趋势线上升，或者二十三日都能上扬，或者移动平均线或其他任何东西上涨，我不会做多。但你不会做这种事。**

我不做那样的事情。到了那种讯号来临时，我不再有兴趣进场操作，因为已经走了那么一大段距离，所有的安全进场点都已过去。

**你承认自己希望顺势操作，但总是试着事先研判趋势变化来获得确认，而不是坐等趋势真的发生变化。**

我设法事先研判，并在趋势发生变化时晓得它已有变化，然后寻找趋势已经变化的确认讯号。

**你希望得到什么样的确认讯号？**

其一必须和形态有关：超越前一个波动高点或低点。这是简单的确认讯号。落后较久的确认讯号是用艾略特波浪理论，也就是潜在的第三波超过第一波价格和时间的长度与百分率。这很有可能不是反趋势，而是新的推进趋势。

**到了你进入第三波，走势不是即将结束？**

对，但我早就在里面。我通常在确认讯号之前进场。

**这么说，你不需要任何确认讯号。**

进场时不需要。

**但你显然需要某种确认讯号。你会预估一些日期，等着趋势发生变化，但你不是只在那些日子进场；你会等其他某些事情发生。**

对。

**那你到底在等什么？**

我等市场交投进入预估的价格区，同时也进入预估的时间区。那些时间和价格预估值通常会导致趋势发生变化。假设我正在寻找中期程度的波动，并据此做预估。如果市场进入价格预估值，同时也进入时间预估值，则市场便有可能将在那一点改变趋势。第三个确认讯号是形态。这个形态是我所说的终结形态，意思是说："这个特定程度的趋势已经结束。"

**能不能举个例子，说明终结形态是什么样子？**

第五波里面的第五波。大部分形态分析是根据艾略特波浪。

**在市场走势和你想要操作的方向相反时，你会进入市场吗？或者你希望价格走向对你有利？**

我有抓头部和底部吗？

**你有吗？**

有。我大部分的操作都是在我相信出现头部或底部时进场。

**你在这些反转点逢低买进和见高卖出。**

是的。

**你总是设法顺势操作，但不同点在于你使用趋势确认的方式和其他人不一样。**

一点没错。

## 独特的趋势寻找机制

### 华尔特·布雷瑟特

有些交易人对于趋势有独树一格的看法。华尔特·布雷瑟特的市场分析总是从周期分析做起。他是70年代初的早期周期大师之一。

**华尔特，趋势和周期分析如何搭配？**

顺势操作是你能做的最重要事情之一。25年前我开始操作时，有位老交易人给了我一些忠告。他说的每一句话，我还记在心里。他说："孩子，在市场中操作很容易。顺势操作就是，见跌买进，逢高卖出。"我认为他给了我一只圣杯。不过问题是你如何定义趋势以及你如何确认跌势和涨势？

## 攻守四大战技

一般认为华尔特·布雷瑟特在他早期的新闻信《HAL 商品周期》中,把周期分析带进期货市场。这份新闻信在 1974 年到 1985 年间发行的。12 年内,它有 10 年获利,而且被《期货》杂志评为多头市场中的第一名。

1985 年华尔特退休,1991 年出版《摆荡指标/周期组合的力量》一书。现在他发行的新闻信名称是《周期观测》,内容侧重于预测未来几周和几个月的时间与价格波动。《周期观测》既是新闻信,也是每天提供随选传真服务,并且透过 DBC 讯号、未来连线和 DTN 送达。华尔特的操作建议也在明星总动员顾问热线提供 1/900-288-2262 转分机 4 号。他在家教班中指导如何利用周期和摆荡指标操作。最近华尔特发展出功能强大的《周期发现者》软件程式,能在任何时间构架内于任何市场发现周期。

他是 CompuTrac 的原始创办人之一(后来 CompuTrac 为德励/道琼所购),也久任非营利性的周期研究基金会董事。20 年来他在全球各地演说,并为《华尔街日报》、《巴隆》、《期货》杂志、《商品研究局年监》撰文。他是财金新闻网的特约编辑。

华尔特的地址是:P.O. Box8268, VeroBeach, FL32963。电话:(407) -388-3330。

趋势是你的朋友。要是有某种不利的事情将发生,或者如果有出乎意料的新闻事件将产生冲击,那么很有可能是往趋势的方向发生。市场往趋势的方向移动比较容易。逆势修正的速度比较缓慢。

因此,身为交易人,我确实想顺势操作。我希望见跌买进,因为能以较低的资金风险,往趋势的方向建立不错的部位。

你如何决定你要操作什么样的趋势长度?

我有个实际操作的周期,往下一个次长的周期方向操作。每个市场都

## 第二章 顺势操作

有支配性周期。在我看来,最重要的三个是季节周期、周(或主)周期和日(或操作)周期。

我称周周期为主周期,因为就顺势操作来说,它最重要,也是我所用的趋势。操作周期是约四周的周期,我用来在市场中操作。

一旦我找到长度确定的主周期的底部,便对趋势方向有了概念。我会掌握趋势,直到周期的头部。研究过去,我可以大致研判那个周期形成头部的价格区间和时间构架。这表示至少一段时间内,趋势将结束,甚至可能反转。寻找周期底部的道理也相同。

**如果你是用你所说的操作周期去操作,则你用来确定整体趋势的是周周期?**

周周期确定了趋势。而我找的是周周期的底部。随着市场向下走,我对于底部有个时间和价格目标。我会去看摆荡指标、市场几何图以及我能找到的每一样东西帮助我确认周期何时会到底,因为那将是趋势反转的地方。我只希望顺势操作,也希望抓到趋势反转点。

假设季节周期现在往下而主周期向上,这时我便知道,不久我们将见到主周期的底部。我希望找到一种方式,在那个主周期的底部买进。那个主周期的底部也将是操作周期的底部。我会把两个周期合起来,试着寻找底部。我说我试着在底部买进,意思不是买到最低的价格,或者在最低价出现的那一天买进。最低档价格只有一个,最低价出现的那一天也只有一个。如果你寻觅这种东西,往往会寻觅很多次,才能找到正确的。所谓在底部买进,意思是让市场自行筑底,然后在日线图或盘中图上发出技术讯号,说底部已形成。

你会想在主周期和操作周期的底部,根据指标买进,期望开始有一段不错的上升趋势。在底部出现之后以及上升趋势持续之际,你得设法逢低买进。所谓逢低是指操作周期和半周期的低点。每个操作周期都有个半操作周期。由于正常的操作周期是四个星期,所以半周期约为两个星期。你应该每隔约两个星期便找一次低点,而且每隔四个星期便有不小的跌势,那便是很好的逢低买进点。

**你找的是哪种底部确认讯号?**

## 攻守四大战技

确认讯号来自不同的时间构架。最实在的确认讯号来自一周或一个月的观点。我以月、半月、周、日、半日、时、十三分钟、七分钟和五分钟的时间片段去评估市场。设法确认周周期的底部,利用周或半月的时段,通常会有最实在的确认讯号。这些时段本质上很大,也就是当你得到确认讯号时,距底部已相当远,资金风险很大。

我用这种方式来做最后的确认,但身为交易人,我试着更接近底部,也就是在获得确认之前便进场。我用操作周期做这件事。如果我能在几个小时、几天或顶多一个星期内找到底部,就能很接近底部。要是我真的有了主周期的底部,则在周期做头之前,不应视之为底部。我讲的是头部之前至少几个星期,但往往是几个月。为了买到周周期的底部,我会用日,甚至是和更短的盘中时段微幅修正,好尽快以低资金风险进场。

**你一直用到确认一词。能不能举个例子,说明你如何确定那是确认讯号?**

这个问题问得好。我在市场中所做的每一件事都是在找优势。对我来说,所谓优势是指我能回到过去,看到某件事发生过三十或四十次。要是十次里面有七到九次,我只能说主周期的底部出现之后某件事发生了,那么就获得确认。

如果一年的某个时段,在70%的时间内,价格超过底部维持的前一周高点,我就能据此说得到确认。这不是绝对有把握的事;这里没有绝对有把握的事。但这使得机率对我有利,也就是找抓到了底部。

**你何不写一本书,谈这些确认工具?**

有,在《摆荡指标/周期组合的力量》一书内有更详细的说明。

**你讲的是哪一种摆荡指标?**

我快速浏览许多摆荡指标。我不会只用一种,因为有时它们会失灵。我把常用的摆荡指标(如含移动平均线或去趋势者)加以修正,好在价格反转时,摆荡指标也反转。我在书内解释得很清楚。

我保持不变的一个摆荡指标是随机指标。我不去改变它,只是使用不同的时间构架。随机指标的问题在于趋势强劲时它会卡在低点或高点不动。要找底部,随机指标不见得是最好的摆荡指标。我喜欢用的三种摆荡

## 第二章　顺势操作

指标是修正后的 RSI、商品通道指数、三期减十期移动平均线。

## 罗素·华森道夫

　　罗素·华森道夫出生于 1948 年 2 月 25 日，在爱荷华州土生土长，获有北爱荷华大学文学学士学位。在北爱荷华大学，曾获选为优等生课程主席和学生联谊会干部。已婚，育有一子。

　　现为综合期货抽佣商 PFG 公司总裁兼执行长以及引介经纪商华森道夫父子公司总裁。他在全国期货协会登记为商品操作顾问，也是商品基金经营商。

　　独自或与人合写五本书，包括：《商品操作——基础入门》、《期货学习百科》、《商品学习百科》、《选择权学习百科》（后三本书为寰宇出版公司译行，编号为寰宇财金 85、84、83）。1980 年，出版一份市场新闻信周刊（《期货与选择权因素》），1984 年后每周供应图形服务（《口袋图》）。

　　1972 年到 1976 年，华森道夫在美国黄豆协会任公共事务经理，1976 年到 1980 年任《期货》杂志所属商品教育学会主任。1980 年，他创设华森道夫公司。这是一家期货市场研究公司。1981 年创立期货教育中心。

　　公司总部地址是：802MainStreet，CedarFalls，IA50613。电话：(319) -277-5240。

　　罗素·华森道夫也采用特有的趋势追随方法。

　　**罗素，你的方法中，顺势操作重不重要？**

　　我不知道有任何原则比顺势操作还重要。我个人的操作和所提的操作

## 攻守四大战技

建议全都试着遵循市场的趋势。确认趋势为何，可能是最困难的工作之一。

我的分析技巧从宏观的角度做起。我会观察我建构的指数，确定所有市场的整体趋势为何。我设计了一个综合指数，用以确定主要实体商品的趋势。这个指数考虑的市场有 21 个。观察这个指数，我可以研判潮起或潮落。潮水涌进则港内所有的船只都会浮起。潮退则港内的船只会下降。我希望知道大画面。

这是根据查尔斯。道氏在 20 世纪初所做的早期研究。他建构了 13 个市场的股价指数，最后演变成道琼工业股价指数。我使用和他相同的基本技巧，做出华森道夫综合指数。

观察完市场的整体趋势，我会试着找出哪些市场类别对整体趋势的冲击最强。我有四个分类指数：谷物指数、肉类指数、金属指数、食品纤维指数。这些分类指数让我了解实体商品主要市场类别的动向。

我不只观察指数本身的技术特性，也和华森道夫综合指数做比率比较，以便了解个别指数相对于整体指数的表现为何。

接下来我观察我所说的每个市场的内部特征。我观察一个市场目前的表现和最近的表现相较如何。我比较目前的涨势是否比以前的涨势快、是否跌得比较快，或者相对于最近或更长的过去表现维持平稳。从这个角度观察，便能了解它是不是有我所说的趋势中的内部强势。

再下来的部分是比较分类指数中的个别市场与分类指数本身。以谷物为例来说，我会观察黄豆在谷物指数中的表现如何、玉米在谷物指数中的表现如何，等等。

我寻找领先者和落后者的特质。领先者的特质决定了哪些市场正推动趋势，落后者的特质让我了解哪些市场可能在整个类别中推动下一波的趋势。

有些时候，某个类别中的一个市场会受另一个市场上升趋势特质的不利影响。比方说，如果黄豆市场涨得很强劲，则可能对玉米市场有不利的影响，因为黄豆主宰了整个市场类别的买盘。

但是各个市场往往齐涨齐跌，这便是使用指数分析的道理所在。观察

## 第二章　顺势操作

这些按部就班的分析过程，我试着分离出某个市场是否有趋势，或者趋势有多强。就像道氏所说，要看潮、浪和涟漪。

**这么做是可以做出一些有趣的分析，但如何影响你实际上的操作？**

要是商品价格普遍上扬，则上升趋势通常比较强，通常有更长的持久力，而且比较有可能持续较长的期间。所有的分析都和信心有关，信心以及建立部位的意愿。如果市场的整体趋势是上扬，我不只会把与趋势亦步亦趋的市场给分离出来，也会买进这些市场。我也因此有信心在一个市场类别中分散投资。

要是玉米市场中的趋势其实没有上扬，而是略微下跌或横向移动，那会如何？你会单单因为其他每种东西都很强，就在玉米市场建立多头部位吗？或者你会等候玉米转而上涨？

这个分析包含两部分：第一是确定趋势；第二是我有某些触发操作的机制，其中含有资金管理的观念。

**趋势只有在特定的时间构架内才有意义。在主趋势中，你使用什么样的时间构架？**

起初由于税法的关系，我试着把6个月或更长的趋势分离出来。由于税法废除长短期资本利得之分，趋势便不像以往那么长。

市场中的大部分趋势，只持续约9个月，即使动能强的趋势也不例外，所以你必须尽可能早进入趋势。这需要靠寻找反转或趋势变化的早期迹象。趋势变化的讯号可能很简单，如突破长期的下降趋势线。你没办法十分精确地确定新趋势的长度，但如观察市场较广的范围，你会有很好的机会进入长期趋势。

**你是看日线图、周线图还是月线图？**

三个都看。

**如果你正在留意长期趋势线遭突破，则你是否接受日线图上发生的事情，或者必须是周线图或月线图上发生的事情才接受？**

这件事反映一个人的信心水准。你可以根据非常短期的趋势变化，很早便建立部位。事实上，我的初步做法是根据这种短期的趋势变化建立部位。随着趋势穿越较长期的趋势线，你的信心会增强并且加码操作。

### 攻守四大战技

这里有两件事要考虑：第一是建立部位时采取严谨的技术系统程序；第二是部位的规模将有多大。我的部位会因为个人的信心上升而加大。

**你用来建立部位的最短期指标，时间构架为何？**

日线图上收盘突破趋势线，便可触发部位的建立。

## 趋势不重要

### 科雷格·索尔柏格

> 科雷格·索尔柏格在爱荷华州东北的农场长大。1985年秋进入爱荷华州立大学攻读气象学。大学四年内，曾于1989年春赢得爱荷华州预测比赛。1989年5月拿到理学学士学位。
>
> 1989年5月以后，索尔柏格在佛利兹诺提斯气象公司工作。与著名的商品操作顾问吉姆·勒墨往来，对商品操作的兴趣与日俱增。1990年7月登记为商品操作顾问。
>
> 他花了很多时间为《操作风》新闻信撰写长期的气象、收成和商品价格预测，也为气象操作公司的热线与其他每天的服务提供气象和商品资讯。
>
> 科雷格的地址是：Freese－Notis/WeatherTrades，2411GrandAvenue，DesMoines，Iowa50312。电话：(515)－282-0233。传真：(515)－282-6832。电子邮件地址：trades@weather.net。全球资讯网网址：http://www.weather.net。

有些交易人发现趋势全然不重要。气候交易人科雷格·索尔柏格便是

## 第二章 顺势操作

好例子。

**科雷格,你在操作时不怎么重视趋势,不是吗?**

顺势操作不是我们考虑的因素。我们的专长是操作气候市场。在气候市场的情况中,你会有个市场因为气候上的因素而出现趋势。以人们担忧气候不利,而使市场急速上涨的例子来说明。只要气象预测对你有利,你就可以顺着那个多头趋势去操作。但到了某一天上午,你踏进办公室时,气象预测大幅改变。现在,推动多头市场的原因是一百八十度转变。1988 年,黄豆市场因为天候干燥而大涨。到了某一天,气象预测突然告诉我们,玉米种植区相当大一块地方降雨机率很高。在新的气象预测发表的那一天,我愿意违背主趋势去操作。我建立了空头部位,而且抓到了市场的头部。

就我们的观点来说,只要气象预测对你有利,顺势操作便无妨。但你也必须提高警觉,防范气象预测逆转时,多头趋势会摇身一变而成空头趋势。当气象预测不再对你有利,你真的不可以顺着目前的趋势去操作。

**如果有人很保守,他们可能决定顺着气象资讯去操作,但只往已经确立的趋势方向操作。**

那真的是很保守的操作方式。如果气象预测有利后市上涨,则只在上升趋势中进场。要是市场处于下降趋势,但气象预测有利后市上涨,则等市场改变趋势才买进。依我们的看法,这事取决于气象预测对特定的谷物种植区有多大的影响。

### 赖利·威廉斯

操作传奇人物赖利·威廉斯对于追随趋势有自己独到的见解。

**赖利,在你那种操作中,趋势比较不重要。你对"顺势操作"的概念有何批评之处?**

我觉得对短线交易人来说不合适。在大多头市场中,短线交易人会碰到一些大跌的日子。当然了,这时候你应该放空。

空头市场中,道琼指数有时一天劲扬 50 点或 60 点,接下来一天马上再跌。没错,市场那天上午开盘时,短期趋势向下、长期趋势向下、中期趋势也向下。每个趋势都向下,不过在这些日子里,逆势操作可以赚很多钱。

## 攻守四大战技

赖利·威廉斯现年52岁，是第一位操作商品的"大人物"，60年代的创新者，促使这些市场普受人们接受。赖利的第一本书是十分畅销的《我如何操作商品赚到一百万美元》。他也写了第一本分析商品季节性的书《十拿十稳的商品操作》。威廉斯的其他财金著作包括《迅速致富选股秘诀》、《季节性因素如何影响商品价格》。赖利在商品领域的最新力作是《商品操作绝对指南》卷一和卷二。

赖利在其他的主题上也写了一些书。《未来的美好日子如何欣欣向荣》1982年出版，此书正确地预测到美国有史以来最快速的经济成长。宗教和法律方面，则有《摩西山》，谈他的沙乌地阿拉伯秘密之旅，并记录发现了一座看似西奈山的山；《比狐狸更精明》是本实用书，讲的是如何在律师的地盘中击败他们。

威廉斯每个月发行两份很受欢迎的新闻信：《商品操作时机》和《寻宝人机密档案》。赖利不只会写书。1987年在为期12个月的罗宾斯世界杯交易冠军赛，把1万美元操作成110万美元以上，这震惊了商品圈。这是了不起的成就和纪录，此后没有一位交易人能有等量齐观的表现。

威廉斯以商品操作顾问代表的身份，列席全国期货协会理事会。曾两次角逐家乡州蒙大拿的美国参议员席位，可惜都以几个百分点的微差落败。赖利·威廉斯的地址是：P.O,Box8162Rancho Santa Fe, CA92067。电话：(800)-800-8333或(619)-756-0421。

只想顺势操作的短线交易人会成功。你无法封杀那些逆势操作。你无法因为市场下跌就不理会买进讯号，或因为市场上涨就不理会卖出讯号。顺势操作应是另一套不同的策略。

你的意思不是说，那些看法主要适用于股价指数，因为它们是最糟的

## 第二章 顺势操作

**趋势性市场？**

不是。所有的市场在空头市场中都有空头回补的反弹走势，在多头市场中都有空头损压的走势。它们是最具爆发力的一两天走势。我正在看咖啡豆走势图。到 1993 年 9 月 20 日为止，咖啡豆有相当不错的上升趋势。9 月 21 日虽然大跌，但趋势明显向上。

**你如何在一片混沌中看出那样的事情？**

我没办法每次都事先看出它们。我只晓得我在多头市场放空和在空头市场做多，赚了很多钱。我可以从形态、波动突破，以及任何你使用的技术看出它们。但别在你的操作中放入某种过滤网后却说："趋势上扬我没办法接受任何卖出讯号。"

# 总结性看法

## 杰克·史瓦格

为了归纳出总结性看法，我找了业内甚受敬重的分析师和作家杰克·史瓦格。

**杰克，顺势操作有多重要？**

我以前认为那是获得成功极其要紧的事。对我和其他大部分交易人来说，现在仍是如此。就我而言，由于我不是那种逆势操作时能够泰然处之的人，所以顺势操作不可或缺。事实上，我设计的策略获得的大部分利润能够实现，是因为趋势的关系。另外虽有其他的因素，但只是在趋势无法运作时作为保护之用。

我也知道有人完全利用逆势的操作方法，并且做得相当成功。这其实和个人风格及个性有关。有些人倾向于顺势操作，而且觉得这么做很放心。有些人的个性则倾向于与众不同，喜欢逆势操作。交易人应该了解自己是什么样的人。大部分人会发现顺势操作比逆势操作容易。无论顺势或

## 攻守四大战技

逆势都可以做,而这当然要看个人以及他(她)选用的方法。

杰克·史瓦格现为保德信证券公司期货研究及操作策略部门主管。曾在潘韦伯公司和美邦公司担任类似的职位,领导期货研究部门有22年的经历。他也是商品操作顾问及怪杰操作公司的合伙人之一。怪杰操作公司1990年9月开始代客操作资金,目前管理的资金达3300万美元。

史瓦格所著《期货市场完全指南》甚受好评,于1984年由约翰怀利父子公司出版;畅销书《金融怪杰》(寰宇出版公司译行,编号寰宇财金15-16),1989年由纽约金融协会出版;同样畅销的《新金融怪杰》(寰宇出版公司译行,编号寰宇财金22-23),1992年由哈泼柯林斯出版。另外两本书《史瓦格期货基本分析》和《史瓦格期货技术分析》也已经出版(寰宇出版公司译行,编号寰宇财金103—106),是约翰怀利父子公司的"史瓦格谈期货系列"的一部分。他的作品也收录在各种选集中,并由各专业期刊发表。

史瓦格经常担任专题研讨会的主讲人,并就范围相当广泛的分析主题发表演说,特别着重在杰出交易人的特质、技术分析,操作系统评估。获布鲁克林学院经济学学士学位和布朗大学经济学硕士学位。

有人说,这些号称逆势操作的人其实是利用较短趋势操作的顺势交易人,这一点,你的看法如何?或许他们试着事先研判下一波的趋势,而不是坐等趋势确立。

这事有点语意上的问题。我想,你可以说任何时候都有趋势存在。如果你缩小到五分钟,你会去操作五分钟的趋势。但我觉得这么说容易产生误导。

## 第二章　顺势操作

其实我们看的是风格。这个风格属于逆势风格或者顺势风格。所谓逆势风格是指留意即将耗竭或有耗竭迹象的走势，并预期橡皮筋会往另一个方向弹过去。当然了，个中的含意指他们操作的是短期趋势回转，但实际上操作的是反转点。这是关键所在。

如果所采方法是利用先前的走势，并顺着和先前的走势相同的方向操作，不管先前的走势是一星期、一天或十分钟，你都可以称它为顺势操作法。要是所采方法是观察先前的走势，并设法定义先前的走势何时走到尽头、何时往另一个方向走，则从哲学的角度说，这是逆势操作法。不管你从哪个时间带去看，这个定义都是正确的。

**你所说的那些逆势交易人——他们实际上是不是在市场反转前操作？**

他们的确试着抓取市场的反转点。

**他们需要多少确认讯号？**

一般来说，他们需要某些次要的确认讯号，但对像我这样的交易人来说，那些讯号用来定义趋势类型是不够的。他们寻找的走势为期短暂，如果要有明确的确认，就会失去想要操作的走势。他们不见得会在直线下跌的市场中买进。

他们可能希望见到稳定和市场恢复原状的迹象。他们需要一些证据、一些次要的确认讯号，但在典型的趋势追随者眼中，那些讯号的意义不够显著，不足以表示趋势将改变。

举例来说，拿实际的东西来打比方，不妨想想喷泉。水的喷速强于地心引力才能往上冲。到了顶点，地心引力和水的上冲力道势均力敌。接着水开始往下掉。

逆势交易人试着在水往下掉时获利。他们不在水仍上冲时放空，而是在接近顶点的地方卖出。当然了，他们可能错很多次，不过都会很快退场。

**你觉得这主要是个性上的问题。如果有个人看起来似乎乐意接纳意见，要你提供建议，你会说，最好像你一样顺势操作或逆势操作？**

我觉得最好配合他们的个性。你没办法强迫某人做另一件事。有些人会打篮球，有些人擅于赛马。这显然和身体的特质有关，也就是身高。操

## 攻守四大战技

作时也是一样，只是没有那么明显。你没办法看一个人，就说这个人会是比较优秀的趋势追随者，那个人会是比较出色的逆势操作者。这种事，每个人都必须自己去发觉。

就像六尺十寸高的人最好去打篮球而不是赛马，同样的道理也适用于操作。有些人天生就十分倾向于某种风格。我们不能斩钉截铁地说从事职业运动的人都应该打篮球。这么说一点意义也没有。只有特质符合的人才适合打篮球。就操作来说他们必须自己发觉适合怎么做。

**你不觉得当逆势操作者困难许多？**

没错，是比较困难。对我来说儿这事比较困难，因为我不适合逆势操作。我会发现这件事很难。但如你找我眼里的逆势操作者一谈，则对他们来说，要他们试着顺势操作也很困难，逆势操作却相当得心应手。

**大部分人都忍不住要去抓头部和底部，因为他们觉得风险较低。如果你说不管人们想做什么都可以，这不等于在引诱他们去做大部分人做不来的事吗？**

是的，我同意大多数人做不来，但我认识一些人，他们逆势操作做得非常轻松愉快。那是他们的风格。有些市场用那种方式去操作确实比较好。股价指数的确较适合逆势操作者，比较不适合顺势操作者。所以说，什么事情做起来困难，什么事情做起来不困难。有一部分要看市场的性质和个人的特质。对想当逆势操作者的大部分人来说，他们不太可能成功。

我所谈的这样一个人，必须已经发展出一套方法，擅长于定义趋势何时已到尽头，而且拥有配套的风险管制方法，以防出错时被扫地出门。这样一个人不能抓着头在那边想："市场现在看起来像是正要止涨回跌，所以我要卖出。"这种行为只会招来灾难。

**回头谈谈你自己和你的趋势追随方法。你喜欢在哪种时间构架内操作？你喜欢用周线图、日线图？**

根据主观看法做决策时不是用电脑化系统。我会从长期的线图下手，然后一路看到日线图。偶尔我用到盘中线图，但通常止于日线图。我希望对主趋势的方向产生一种感觉。主趋势往往为期很长。我对某个市场可能有好几年的见解，并根据那种见解去操作。

## 第二章 顺势操作

**如果你看的是周线图，则如何根据周线图确定趋势？**

我重视形态甚于趋势的强度。其中有许多是靠判断。看图的时候，我会注意没有按照应有的方式表现的市场。我会找出我所说的各类失败讯号。那是很重要的东西。能够维持下去的突破是合理的讯号。它们必须维持下去，因为突破相当常见，如果一有突破就去操作，那你是赚不到钱的。

**如果市场跌到某个底部，而你打算在向上突破时操作，那么你希望整理形态维持多久才突破？**

没有一定的规则。市场横向盘整愈久而且通道愈狭窄，则突破愈具意义。突破超越前一个交易区间的时间愈长，突破愈具意义。波动同时增加也很重要。我不晓得我能不能拼凑出整套公式。即使能够，我还是不会照着去做。

**一旦你在周线图上确定趋势，你会对那个趋势感到满意，或者希望在日线图上见到某种确认讯号？**

我可能先在日线图上确定趋势已经改变，再在周线图上看到趋势有变。为了得到范围较广的概念，我喜欢先看周线图。但日线图很可能先给我讯号。

除非你看的是连续走势图，否则周线图有问题，因为很多周线图遭到严重扭曲。我要举个很棒的例子来说明。要是有人不晓得连续走势图有什么缺点，不相信使用它们有陷阱的话，这个例子可以说服他们相信其中的确有危险。大部分人不清楚这件事，因为他们注意海外市场，可是海外利率市场已成为很大的市场。

过去约9个月的欧洲马克走势图看起来很有意思。特别是如果你看的是欧洲马克周线图，你会看到这个市场呈现很棒的上升趋势。你在图上看到的是上扬、盘整、上扬、盘整、上扬。这是看起来很有建设性的图。反之，如果你看的是日线图，你会看到一个很大、很广的圆形头形态，这是后市很坏的形态。一段时间以来，日线图一直叫着后市看跌，周线图却说后市看涨。

这个例子中，我完全忽视周线图，理由很简单，因为在周线图上，每

## 攻守四大战技

隔3个月合约到期时，近期货和远期货之间会有很大的缺口。从近期货到远期货之间会有个不存在的价格走势，我称之为幽灵价格走势。你看到的是价格上扬，但那只不过是合约转期的结果。那或许可以告诉你欧洲马克过去的价格水准为何，但绝对无法告诉你操作部位做得如何。

就操作部位来说，你必须去看连续性（不是接连不断）的价格系列，好把那些缺口或个别合约消除掉。所以说理论上我喜欢看周线图，但决定因素往往可能是日线图。

**你在日线图上用到的形态，是不是和你在周线图上所说的相同？**

是的。我不区分日线图和周线图。我用相同的方式去看它们。我喜欢注意盘整等形态。因此，我在日线图上注意的形态种类和我在周线图上注意的形态种类相同。要是我看的是盘中走势图，我会用相同的方式去看它。

**顺势操作将来还是行得通吗？**

在市场中获利的最直接方式是找到善用趋势的方法。大部分钱都是这么赚来的。对大多数人来说，找到利用趋势的方法是唯一的成功之道。

话是这么说没错，但这件事做起来却愈来愈困难，因为70年代和80年代内，随着追随趋势日益流行，市场的波动性变得更为激烈趋势仍然存在，但它们波动得更为激烈，比较难以跟随。不管人们找到什么样的追随趋势技巧，总会碰到一些严重赔损的期间。追随趋势会变得更为困难。个中秘诀在于从趋势赚取利润的同时，也要利用其他的策略，保护自己不受波动加剧的伤害。

**我觉得你的话的含义是，你觉得一直待在市场里面的系统将比以前糟糕。**

是的，我会这么说，我会很强调这一点。我们不可能找到一直待在市场中、追随趋势的单一系统，不让我们受到一些非常严重的周期性矫正之害。

**你说"非常严重"是什么意思？**

和你的年报酬率一样大的赔损。如果你试着一年赚40%，那么一年的赔损会是40%。

**那岂不是绝佳的系统可能的最适赔损率的两倍左右？**

## 第二章　顺势操作

对一个好系统来说，报酬率至少必须是赔损率的两倍。我的目标是年报酬率为操作资金最高赔损率的三倍。时间会说明我有没有达成这个目标。

**那会是非常杰出的系统，不是吗？**

我的方法不是只用一套系统，而是综合利用各种策略。单单一套策略不能为你办到那件事。

但愿以上那么多专家所讲的话，对你本身的趋势操作想法有帮助。下一章我会用同样的方法，探讨迅速认赔的观念。

# 第三章

# 迅速认赔

严格的说，迅速认赔是风险管理不可或缺的一环，但由于操作要成功，这件事十分重要，所以值得自成一类。万一操作失利，如何迅速认赔了结的决定，应该是每笔交易的操作选择过程的要素。交易人有很多不同的方法可用以决定如何摆脱赔钱的操作。

我们访问的专家有许多迅速认赔的方法。这些方法可大致分成以下几类：图形停损点、指标停损点、进场方法停损点、波动停损点、资金管理停损点、保证金停损点、账户本金停损点。

## 图形停损点

所谓图形停损点，我们的意思是指在长条图上某个重要的点设定停损点。这可能指代表支撑或阻力的图形形态、趋势线、轴点。

### 比尔·盖里

比尔·盖里是基本面分析专家，但也了解技术面分析在决策过程中的重要性。

**比尔，迅速认赔的原则对操作成功有多重要？**

## 攻守四大战技

有一件事情很重要，就是给你自己充分的空间让操作自行运作。我建立部位的时候，从来不把停损点放得极为接近。我宁可建立一个小部位，在走势的初期阶段给自己很大的空间好让市场运作。一旦市场开始发挥功用，我会寻找不同的方法，去降低风险，并把停损点拉近。

**听起来好像你在唱反调，因为你担心"放空"一词。言下之意是你不想用很小的停损点。不妨重新再谈如何迅速认赔的原则。但你对这一点好像没有问题，不是吗？**

一点没错。

**这件事有多重要？**

十分要紧。这是让你留在游戏场中的唯一方法。留在游戏场是长期的目标。关于市场会不会对你不利，我怎么想或者任何人怎么想都无关紧要。

**你如何决定在哪里下起始停损点？**

我通常在主要支撑以下的地方下多头部位的起始停损点。空头部位则是在主要阻力以上的地方。原始部位我做得很小。我所冒的最大风险通常是在走势的初期阶段。

**你愿意冒多大的风险？**

我让市场告诉我这件事。

**你如何定义主要支撑或阻力？**

主要底部或头部。我从日线图和周线图找主要支撑区或主要头部。

**你用的是图形停损点？**

是的。

**你是否都用图形停损点？**

是的。

## 葛连·李恩

葛连·李恩是《期货趋势》新闻信的主编。

**葛连，迅速认赔这件事有多重要？**

这句话可能是商品操作的流行用语。与此同时，它也和任何东西一样

## 第三章  迅速认赔

像是机械化的动作接近关键所在。约五年前，我刻意开始研究操作，而不是只研究市场。研究过赢家交易人和我自己的操作之后，我深刻体会到迅速认赔这件事极其重要。

以下是我本身操作的一些例子。最近有一个月我做了八笔交易，其中七笔赚钱一笔赔钱，整个月结算下来净赔。七笔赚钱的交易扣掉交易成本之后只赚到蝇头小利，赔钱的那笔交易则赔到我所能容许的最大风险，结果把所有赚钱的操作赚到的钱吃光了。

另一次我连续轧平七笔赔钱的部位，但第八笔交易让我的本金余额上升到那一年的最高水准。由此可以看出要赔就赔小钱有多重要，而且连赔几笔小钱也没关系。你听过这个世界上汤米·波德温和理查·丹尼斯之流的交易人宣称，他们所有的利润得自5%或10%的操作。这就像你整个晚上对一位拳击手出拳，希望最后有一拳、二拳、三拳把他击倒。

忍痛认小赔才能让你留在场内，以便有朝一日抓到某个趋势或一段大行情。对我来说这尤如数字法则。即使操作有亏损，但如果亏损受到控制，则这样的操作做得够多，连瞎眼松鼠有时也会找到核桃。

**多小的亏损才算小？**

哦，这很重要。这种事情得视自己的情况而定。绝大多数人拿自己的本金操作得太厉害。只拿5000美元或10000美元出来操作的人，至少已有一只手绑在背后。但金额少只是相对的。我喜欢用百分率来谈这件事。我认为把个别操作的风险限定在操作本金的1%或2%是理想的做法。如果你拿来操作的钱较少，例如20000美元以下，则大部分情况中必须接受百分率比较高的风险。但是超过5%会使大部分人走上自我毁灭之路。

**这可以让你忍受连续很多次损失，但不致造成太大的伤害。**

一点没错。任何踏入这一行的人，不够时间长短，都晓得他们很容易就会碰到一连串的亏损，也许连赔十次。你可能打平也可能有非常少的利润。你很容易连做十笔交易却没有一次大赚。原因可能是你在生活上遭遇某些压力或者市场没有展现出理想的操作环境。

如果你是纯机械式的交易人，也许会碰到市场在很长的期间内没有出现趋势。测试所有的实体商品，你会发现1989年是大多数趋势追随模式的

65

**攻守四大战技**

杀手。

要是你连赔十次，而且每次所冒风险不超过本金的2%，则在连赔十次之后你只会赔损20%。大部分人能够忍受赔损20%，并继续遵照原来的原则去做。每次操作都拿5%或6%本金去冒险的人突然之间赔掉了50%或60%。这一来，他们失去了原来的观点。他们会发现很难保持神智清楚，继续操作下去。

**你个人如何决定在哪里下停损点？**

这要由市场定义。如果我操作的是纯趋势追随形态，我会把停损点放在反转低点或反转高点之外。我发现，你会因为市场出现杂讯（要是你想这么称呼它的话），使得某些操作触及停损点而出场。我通常在距离四档的地方设停损点。有时我在当天的最高价或最低价触及停损点而出场，但有时也会错失一两档。我发现那是我能尽力拉近，同时仍给市场适当空间的地方。

下停损点有很多不同的方法。怎么下停损点不重要，重要的是事先定义你的原则，并始终一贯遵循。

**要是你的图形停损点对你的本金来说太大，怎么办？**

我不做那笔交易。

**你宁可不做交易，也不想调整停损点或进场点？**

一点没错，不做那笔交易。我现在的第一目标是力求保护自己。这是我目前努力的目标。我想起1985年芝加哥小熊队打延长赛时的情景。他们让公羊队挂零到底，也让巨人队一路挂零。只要他们不让其他球队得分，就可以整天打下去不会打输。我们见过很多球队攻击能力很好，但一碰到防守能力强的球队，通常兵败如山倒。他们没有培养出防守能力，防止你可以称之为赔损的期间出现。

我的第一原则是保护已有的资本；第二原则是保护可能拥有的任何未轧平部位资金；第三原则是设法赚取利润。我先看自己所冒风险为何，决定要不要操作。如果所冒风险和账户的各项参数不能配合，我不会去操作。

于是这带来另一个问题。我昨天看到一个例子：某个人有个账户，操

## 第三章 迅速认赔

作 2000 美元。他买了三口黄豆、两口玉米、一口活牛以及一口别的东西。我马上为他计算风险。单是黄豆，风险就占整个账户的 12% 左右。在我看来，这有尤如自杀等于赌自己有没有做对，不是赌数字法则站在你那一边。

假设我的账户是 20 000 美元，而且我接受每笔交易最高冒 3% 的本金风险，则只合 600 美元。这一来，黄豆操作的风险必须是 30 美分，换算成合约为 1500 美元。许多人好勇斗狠，不思转进中美国交易所去操作。

去年我交易利率期货做得相当不错。除了一笔交易，其余都是中美国交易所的债券，而我的账户金额是 10 000 美元。我要说的是，可以找到管理风险的办法。要是你的停损点数字比账户所能接受的水准要高，则另找投资工具操作或者干脆缩手不做。

### 彼得·布朗特

彼得·布朗特是老经验的专业交易人，也是《因素》新闻信的主编。专精于操作古典的图形形态。

**彼得，对于迅速认赔，你抱持什么样的哲学？**

我坚决支持迅速认赔的做法。一口合约的损失超过 300 美元，我很难忍受。在我看来一笔交易有两个成分：市场的方向以及进场的时机。我可能看对方向，但如果没有抓准时机，这笔交易就不对。要是一笔交易赔了 300 或 400 美元，我必须承认时机没抓对。

对我来说，每天都能继续重回市场十分重要。大部分企业中，如果你的存货卖光，就没办法继续做生意。交易人拥有的东西只有资金。交易人的资金，也就是他的账户余额相当于他的存货。维持存货保持原状极其要紧。这便是我不肯让亏损对我过于不利的原因。

**停损金额这么低，你必须忍受相当低的准确率。**

这里当然有得必有失。有些人在情绪上不能接受错误率达 20% 或 30% 以上的方法。但使用跟得很紧的停损点，就必须愿意在一段相当长的期间内操作，而且只有 30% 或 40% 的时候做对。

**你使用什么样的停损点？如何下停损点？**

## 攻守四大战技

我拿图形点当依据,图形形态或个别日子的高点和低点。

**你不用资金管理停损点?**

不用。

**或者波动停损点?**

也不用。我会玩波动停损点,但不使用。这么多年来,我做的很好的操作中,大多数马上就照我希望的方式去走,从未回头。所以说,跟得很紧的停损点并没有破坏我所做最好的操作。我敢说我所做的高额操作中,很少让我损失 200 美元或 250 美元以上。

**你是否还使用"末日法则"?**

是的。

**能不能稍加说明?**

一旦我从古典的图形形态(如三角形或头肩形)得出各种参数,而且有了边线,我会利用市场在形态中交易最后一天的反向极值作为基点,建立停损价格。如果是从形态中向上突破,这个基点是市场在形态中交易最后一天的低点。如果是从形态中向下突破,则是市场在形态中交易最后一天的高点。

### 科雷格·索尔柏格

科雷格·索尔柏格是《操作风》的主编。属于气象交易人,使用的是不同种类的图形停损点,包含前几次价格波动的折返。

**科雷格,你认为迅速认赔在四大原则中占什么样的份量?**

你的四大原则中,这个原则我试着用最严格的态度去遵守。你必须依照自己的条件进入市场。有句金玉良言最好记住,那就是在场外抱着进场的希望比在场内抱着出场的希望要好。

我不喜欢不管价格为何,只顾着买进。我宁可等待价格回到我要的水准,这样才能用买到的价格去管理我的交易。我用这个价格进场只冒这种水准的风险。我会在另一个水准获利了结。

**你怎么决定要在哪里下停损点?**

我喜欢的方式是利用折返。我常在某个特定的上扬走势折返 50% 时进

## 第三章 迅速认赔

场。这一来，这笔交易的风险就限定在62°%的折返水准。我喜欢的另一个方法是如果在缺口之上买进，所冒风险应以万一市场填补那个缺口为限。

身为气象交易人，下停损点的一个重要因素是我们对预测所抱的信心。如果我们对预测有足够的信心，我们会冒险放宽那个部位的停损点，因为我们的潜在获利很好。我喜欢使用3：的报酬与风险比率。比方说，如果我想在黄豆赚30美分，则我会在那个部位冒约10美分的风险。

**你提到你喜欢下图形停损点，但有时也会利用资金管理停损点？**

我会试着把两者合而为一。首先，你得计算那笔交易的获利潜力。假使获利潜力是30美分，所以你愿意冒约10美分的风险。接着你必须去看图形的形态，观察潜在的折返，了解是不是有个价位，风险约10美分。我们会设法得到不错的报酬与风险比率，也在价格走势图不错的技术支撑区上冒险。

### 菲丽丝·卡恩

菲丽丝·卡恩是纯甘氏交易人，试着在很接近重要头部和底部的地方进场。

**菲丽丝，在你的操作风格中，迅速认赔有多重要？**

非常重要。我不认为一个人应该在没有设定保护性停损点的情况下进场。永远不可以这么做。如果你的操作没有实现期望中的成果，则应迅速认赔了结。要是市场重回对你有利的走势，你可以再次操作，但此时应先停损出场。

**由于你是在那么接近极值的地方进场，这是不是表示，在你进场之前，你的停损点会自动超越那些极值？**

我是在市场价格涨到比我的趋势变化时间窗口中前一天最高价（建立多头部位时）高一定点数时进场。我在最低价以下相同点数的地方下停损点。就标准普尔股价指数来说，那是指在低价以下40点的地方。

**你下停损点时，从低价减去的点数和进场时从前一天的高价获得的确认相同。**

## 攻守四大战技

是的，我是这么做的。有人照甘氏趋势变化的日期去做，使用完全不同的方法。但我这么做，做得很成功。

**你为什么不在低价以下一档的地方下停损？要是低价将跌破，你不是错了吗？**

对，但那个区域也有一定数量的杂音。我不认为一档对进场或出场是足够的。你应给自己一些空间，但也必须抑制风险。

**那也是因为可能有其他的停损点？**

是的。

**这不是有点危险，也就是有那么多的停损点，你会在应有的水准以下40点的地方成交？**

当然有点危险，但你会惊讶于那种事很少发生，特别是如果带量反转而它们大部分都属这种类型。它们跌得很凶，然后反转，超越前一天的高价。你不会看到那种反转经常失败。是会发生但不常有。

**果真如此，则在低价以下一档的地方设停损就没有什么差别，不是吗？**

或许不然。我会找时间研究这件事，但没有理由放得那么近。隔天你可以移动停损点。只要你的部位依今天的收盘价计算有赚到钱，明天你可以把停损点放在略低于今天收盘价的地方，如此便锁住了利润。一旦有了不错的利润，甚至不必放在前一天低价以下的地方。

"别让赚钱货变成赔钱货"是句老掉牙的话。每当你获有200点的利润就该去保护它，特别是在进场后不久。接下来如果三、四天内真的涨了不少，跟着往上移动停损点的速度就可以略微放慢。

**你愿意承受的损失，和你的账户金额之间有没有必要的关系？你把停损点放在标准普尔指数以下40点的地方，要是距你的进场点很远，潜在损失有2000美元，情形会如何？你是不是得看损失金额和账户金额相比如何？把损失压到最小，意思是不是说金额不能太大？**

是的。如果你不愿意把停损点放在低点日的低价以下，那就不要去做那笔交易。你必须愿意照原则去做才行，也就是把停损点放在低价以下的地方。

## 第三章 迅速认赔

**是不是有种经验法则说某种损失金额对账户来说太大？**

交易人必须根据自己的情形去决定这件事。

**这要看个人是不是安心而定，不是依据账户的一定百分率来决定？**

没错。有些人没办法在急涨急跌的市场中操作。举例来说，操作炙手可热的黄豆或白银便是如此。他们不应该操作那样的市场，因为波动太大了。交易人必须对他（她）的操作方法可能产生的损失泰然自若。

我也相信如果你连续三笔交易赔钱就应该停止操作几个星期，并且试着分析为什么那三笔交易会赔钱。

**这便属风险管理的话题了。我们留待稍后再谈。**

### 汤姆·艾斯普雷

汤姆·艾斯普雷是货币专家，主要做短线交易。

**汤姆，你如何处理迅速认赔的事情？**

由于我相当密切地注意即期外汇市场的动向，而且它们一天24小时开放交易，因此我的操作处理方式受到影响。如果一笔交易不能得到预期中的成果，而我必须睡上四五小时，我可能在打平的时候出场，甚至赔点小钱也无所谓。相反的，如果走势一如我的预期，我通常会设下跟得相当紧的停损点，在我不看市场的时候，把它留在那里。

**多紧才算紧？**

把即期市场转换成期货交易人能懂的方式，那是约25或30档美元或德国马克。

**也就是300美元左右。迅速认赔的原则对操作成功来说有多重要？**

就数字来说相当重要。从心理层面来说更为重要。成功的操作必须结合专长和信心。大部分交易人承认，股价走势每况愈下时，他们的信心也跟着下降。如果你能抑制损失就能保持较多的信心。为了维持较高的信心你必须有较高的成功率。遵守抑制损失的纪律，可以让你留在游戏场中继续在较长的时间内操作。

**如果你操作的是期货，而不是现货，如何决定你的停损点？**

我通常根据分时图形分析、费波纳奇折返、支撑和阻力水准来做。我

## 攻守四大战技

把一些方法综合起来如果能用几种不同的方法得到类似的数字，我会更有信心。

**这么说，它们主要是图形停损点。**

是的。我也用到一些数学价格预估分析用以决定每天的轴点。我会计算当天的预期高价、预期极高价、预期低价、预期极低价。下停损点时我也参考这些数字。

## 华尔特·布雷瑟特

华尔特·布雷瑟特依据周期进行操作。

**华尔特，迅速认赔有多重要？**

没钱你就没办法在市场中操作。把它赔掉你便没钱。身为投机客，我们的一部分工作是承受损失。可能有30%到50%的时候我们都会承受损失。从这个观点来看，你可以说控制损失甚至比顺势操作重要。你可以逆势操作，仍然有机会赚到钱，但如果失去本钱你就没办法赚钱。要是能把拿去冒险的金额控制得很小你就有机会赚到很多利润。这件事极为重要。

**依你的操作风格，如何迅速认赔？**

把损失降到最低，也就是迅速认赔，意指我必须控制一切。我的操作方法永远是控制一切。

容我多谈一些令我困扰的事情。有些时候我会碰到不操作期货的人，向他们说起我做的事，他们的反应往往是："你是赌徒。"我不是赌徒。我没有放手一赌的欲望。到拉斯维加斯我从来不赌。

我是投机客。所谓投机客意思是我能设定胜算。我能决定何时进场，决定如何进场，也能决定如何出场。赌博的时候你做不到这些。

我可以回头去翻阅历史，研究形态，并且设定对我有利的胜算。选择进场时，我已从研究中得知赚钱的机率不错。我会建立某个部位，是因为价格已完成某个形态，而且至少一段短时间内，市场应会继续往对我有利的方向走。

我有一个预设的价格水准或者停损点可以告诉我何时我错了。我总是在那个价格水准下停损单，用以控制损失。因此我总是知道某笔交易每口

## 第三章　迅速认赔

合约会损失多少。

控制损失的时候，我从个别合约做起，然后扩大到整个部位。任何一个总部位，我不喜欢损失金额比本金的5%高很多。依我操作的市场而定，损失金额可能限于2%到3%。由于严格控制损失，所以即使错很多次，我仍能继续操作。

**你如何决定在什么地方下停损点？**

我看周期。在一个特定的时间内构架，每件事情都围绕着这到底是周期底部还是头部打转。我在市场中买进时，会在应该是周期底部以下的地方设停损。如果我是在周期底部买进，则进场之前的最低价或波动低点将是我的停损点。如果在底部之后有个较短期的形态发展出来，那么停损点可以改变。它有可能是根据当天交易盘中的价格水准，但永远是底部，永远是低价。

**换句话说，你使用图形停损点，而且是根据你交易的周期，在图形上选点。**

是的。我在图形上选点作为进出的依据。对我来说，最重要的事情是价格水准。例如，如果目前的趋势持续下去，则市场不应该走到某个价格水准。要是走到那个价格水准，市场便指出目前的趋势不再存在，至少一段时间内是如此。

**如果你想用的图形点距离太远，使得风险太高，你是否干脆放弃那笔交易不做？**

我可能会放弃那笔交易，也可能缩小时间构架，以降低风险。这种情况下我正确的胜算会降低，但如果错了，资金风险较低。

**要是日线图上的停损点设得太远，你有没有可能使用分时图上的停损点？**

我会缩小到分时图或者十五分钟、五分钟的走势图，并设法利用它们进场。一旦市场往对我有利的方向前进，我就能据以调整停损点。

**你是不是曾利用周线图上的停损点，而不选日线图上的停损点？**

当然有。我最重视的是确定性。这个世界上没有绝对确定的事。我的意思是找一个确定性程度，晓得某笔交易我会赚钱还是赔钱。

## 攻守四大战技

周线图可以帮助我做到这件事。比方说，如果我超过了摆荡指标和周期组合的周高价，那我会等候摆荡指标和市场走低。接着如果摆荡指标翻扬，价格超越前一周的高价，则那一周的高价变得很重要。要是后来价格超越那个高价，我便知道市场继续上扬的机率很高。

如果我要用周线图，我的停损点会是周期的前一个低价，而这个低价往往在进场前一两个星期出现，如此可能使得风险太高。于是我必须在日线图和盘中走势图上找比较接近的停损点。我用周线图决定周期已经反转，然后用分时或盘中价格，往趋势的方向进场，有时等到一两天后才进场。

我总是使用图形形态、以前的价格低点以及我所说的过度扩延能量。我把市场看成是能量。我们可以在周期和摆荡指标中观察这个能量。我所做的每一件事情都结合周期和摆荡指标。两者都与时间有关。摆荡指标极度超卖时，也往往会有一个即将筑底的周期出现。我可以从前一个周期低点的时间构架确定这件事。如果摆荡指标和时间吻合，我便知道能量显示这个市场超卖。即使市场没有上扬，它也不会跌太多。至少它会横向盘整，而且可能略微上涨才下跌。我会找极度超卖的水准去买进，找极度超买的水准去卖出。在市场从那些水准弹出时，我利用能量决定是否进场，也迅速获利了结。

**如果周期底部迟来，市场下跌的期间会比应有的时间长。这是不是会阻止你建立多头部位，因为下跌趋势可能太过激烈，你宁可在下一个周期头部之后建立空头部位？**

大致来说，我在寻找底部的时候市场总是相当超卖，足以利用周摆荡指标和日摆荡指标，所以我不想放空。我喜欢进入的市场，是能量很大，并往我操作的方向前进。

**我并不是说你会在底部放空，而是说当下跌力量比你预期的要强得多时，你建立多头部位会不会感到紧张不安？**

会的。那种情况下，我所找的可能不是一个简单的翻扬，而是一个底部、一段上升走势，然后回头测试，之后我才进场。

我用的一种形态是回头测试抓取底部往往需要这么做。你不一定想要

## 第三章 迅速认赔

选到价格最低的那一周、价格最低的那一天、价格最低的那一个小时。你会希望等候一种形态以某种形式出现。回头测试成功经常是好兆头。

回头测试是种能量的流动。市场已经见底反弹，然后再下跌；它没办法跌破低点，只好反转再次上扬。我在所有的时间构架内寻找那种回头测试的形态。

## 指标停损点

所谓指标停损点，我是指依移动平均线或动能指标等所设定的停损点。那不是图形停损点，因为是用数学算式算出来的。以下所谈的波动停损点（volatilitystop），是种特殊的指标停损点。

### 麦可·齐积

麦可·齐积是《金牛座》新闻信的主编，1976年起发行迄今。

**麦可，迅速认赔有多重要？**

很难在你的原则中选出一个最重要的。操作就好比汽车，每个原则尤如一个轮胎。少一个轮胎车子或许还能开，但缺少任一个，开起来一定颠簸不堪。少掉愈多，旅程愈颠簸。

在我的操作上，迅速认赔非常重要。我进场操作之前，总会预设一个起始停损点。我是根据电脑的测试结果做这件事，尽可能不求最适化。

你会希望停损点靠得够近，以便迅速认赔出场但又不希望靠得太近，动不动就出场。这件事做起来很困难。观察电脑荧幕上的图形，我得出一些概念，但拿历史资料来做测试，却搞得灰头土脸。

我找了一篮十种商品代表市场上的所有商品。我针对全部10个市场，每种方法都用了许多变数，试验每一种起始保护停损点。接着把它们加总求其平均值，以便找出最适合整篮市场的停损方法。有些时候我使用单纯的金额数字，但最常用的是一种移动平均值以及根据波动性的一种通道数值。

## 攻守四大战技

迅速认赔很像锁住利润，必须是单纯的机械式动作。恐惧和贪婪扮演相当重要的角色，尤其是恐惧。有些时候我会受到诱惑，想把停损点移得远些，好继续守住前景看好的部位。十次有九次这么做行不通。我和大部分人总会忘记那错误的九次，只记得成功的一次。不采用机械式的方法，你就会让情绪卷入其中。这很危险。

**你如何使用移动平均数当停损点？**

假设我有一个多头部位，而且使用三十天的简单移动平均数。当然了，这个移动平均数必须低于进场价格才能发挥作用，但在趋势追随系统中，却能发挥作用。不管进场那一天的移动平均数数值为何，我总是把起始保护性停损点放在那里。它会一直待在那里，直到另一个准则驱使我开始把停损点上移，以便保护未实现的利润。

**在你进场操作时，起始停损点便固定在那里。你不会随着移动平均数的变动而去调整它？**

一点没错。

**你也提到一种波动性通道。使用波动性时，你也保持起始停损点不动，直到另一个的尾随停损点准则要你改变？**

对。

**你会不会注意你的账户金额，用以决定一笔交易要冒多大的风险？**

不会，除非从我要不要做这笔交易的观点来看。假设我的账户有95%的资金用在目前的部位上，而且我不想轧平任何部位。现在有一笔交易的起始停损点冒险金额是账户的5%以上，那么我会放弃这笔交易。我不会根据账户中还有多少钱，而调整停损点。那是很糟的做法。

**你如何确定账户资金有没有用光？你如何衡量？**

任何一笔交易，我的冒险金额不超过账户资金的5%。账户资金百分之百用在部位上之后，我便不再操作，除非先轧平某些部位。

### 进场方法停损点

所谓进场方法停损点，我的意思是指你根据进场方法设定的停损点。它可能是个反向进场讯号，也可能在违反这笔交易的一些或全部进场条件的情况下发生。

# 第三章　迅速认赔

## 罗伯·麦勒

罗伯·麦勒是《主市场分析报告》的主编。他也主编一套很棒的操作课程，谈甘氏方法。

**罗伯，对你身为成功的交易人来说，迅速认赔有多重要？**

迅速认赔十分要紧。

**你如何做这件事？**

我在所用方法的构架内设定停损点。要你进场操作的那套方法，必须告诉你何时操作做错了。停损点所在的价位，是在你进场之后，站错市场的另一边。

另一项限制是，任何一笔交易所暴露的最大资金风险不应超过账户本金的5%。我一决定好起始停损价位，便去看我可以在哪个最远的地方进场，还不致违反5%的准则。我的进场价位可能不在那里，但最远只能在那个地方。

**如果你用的是预估反转点，它们会如何告诉你，你在什么地方发生错误？**

不管是什么方法，除了告诉你你做对了，还必须告诉你你做错了。如果市场超过了价格和时间预估窗口，那么这笔交易便错了。我有一个两天或三天的时间窗口以及一个四天的价格区。如果价格超过它们，便告诉我应该结束这笔交易。

**能不能举个例子？**

没问题。拿黄金来说。假设预估 7 月 21 日到 23 日间市场很强，而且预估价格会涨到 380 美元到 383 美元间。那么这是 3 美元的价格窗口。如果市场交易价格在 7 月 21 日到 23 日间落入 380 美元到 383 美元的价格区，趋势改变的机率便很高。

其中的激发因素是反转讯号。要是反转讯号发生，那么每一件事情都说趋势已经改变。那种情况下，你下的停损点可说只在那一天的极值之外一档处，因为如果市场到达那个价格，便超越价格区和时间区，而出现反转讯号。你以前认为正确的每一件事，现在都错了，于是你结束操作，退

**攻守四大战技**

场观望，直到下一次机会来临。

**这需要严守纪律，不是吗？**

没错。这样的事很容易蒙混、敷衍。

**你如何预估价格？**

我以完全相同的方式预估价格和时间。它们是以前的折返和半波动预估值的比率。

**你观察波动的时间和波动的距离，然后根据它们来做预估。**

同时利用时间区间和价格区间来做预估。

## 杰克·伯恩斯坦

杰克·伯恩斯坦写了27本书谈操作，每周发行的市场新闻信已有20余年的历史。

**杰克，四大原则中，你认为迅速认赔的重要性如何？**

迅速认赔是你能做的事情当中最重要之一。我可不可以讲个小故事，谈谈当年我到阿拉巴马农业局演讲的往事？

**愿闻其详。**

演讲完后，他们带了一个人来见我。他们说，这个人是全州最优秀的猪腩交易人。这位老人希望把他的操作系统秀给我看。我当然想看看另一套好系统，于是请他继续讲下去。

他从口袋掏出一只犬鹅绒小盒子，里面装了一个摆锤。他请我打开一本图形簿，说："照这个方法做。在图形上拉着线让摆锤锤下去，直到它停止摆动。这是我的系统中最重要的一部分。"

……这是真实的故事……

"在它停止摆动时稳住它，然后放手。如果它上下摆动，你就买进。如果左右摆动，就卖出。"

这个人令我印象深刻。他看起来像聪明的老人，对市场了解很多。我问他，关于这个系统还有什么事情是我该知道的。

他说："有的，还有一件事，但不是太重要。"

我说："那是什么？"

## 第三章 迅速认赔

"喔，如果我在一天开始时买进或卖出的东西，当天结束时发生亏损，便把它踢走。"

"就这样？"

"就是这样。"

他做了什么事？只留下赚钱货，快刀斩乱麻摆脱赔钱货。

个中含意在于不要留赔钱货过夜。我们常听到这样的说法。真的有这样的事吗？你是不是真的认为有人在操作生涯中从没把亏损带回家？如此一来不会造成太多的亏损吗？赚钱的百分率不会太低吗？

在没有对这个系统的其他部分做过彻底研究之前，我不建议这么做。市场的随机成分太多，因此在你建立不错的部位之后头几天内，市场收盘价当然有可能对你不利。但是我要说，最长到那个星期结束，也就是在你进场操作之后的一个星期内，如果市场走势没有对你有利，则它会是一笔出色操作的机率便相当渺茫。

**迅速认赔一词中，多快才叫迅速？**

依我之见，那得看系统而定。迅速认赔意指在你的系统说应该那么做的时候，便断然舍弃赔钱货。那并不是说事先决定一个金额，到了那个金额便退场，不过我倒是喜欢凌驾一切的紧急停损金额观念。

**你提到系统时，是不是指获得一个反转讯号？**

是的，或者如果系统变成中性，便在那一点出场。从研究和实际的操作我发现靠得太紧的停损点保证做到一件事，那就是你会承受很多亏损成为市场随机成分的受害者。

所以停损点不能靠得太紧，但这得看系统而定。比方说，我曾研究我操作标准普尔股价指数的两个当日冲销交易系统，发现停损点从100点提高到500点时，每笔交易的获利大幅增加。任何人看到标准普尔股价指数的当日冲销交易停损点用500点，都会说"你疯了不成？"相反的，我的研究显示，使用100点的停损才疯了。

市场需要一点空间。你必须给它们空间，因为不管我们多不愿承认，市场价格的确含有随机成分。要是停损点设得太紧，那个随机成分会把你带出场。

如果你用那么大的停损点，你不必看你的账户金额吗？并不是每一个小额账户都能使用2500美元的停损点，不是吗？

我同意这个说法。我们不得不承认，市场中有成千上万交易人不该当日冲销交易标准普尔股价指数，可是他们却这么做了。他们根本无法承担风险，因为无法在那么少的账户金额中给市场够大的空间。

有没有什么经验法则指出最大停损点和账户金额间应有什么样的关系？

一个人如果无法承受至少15 000美元的风险，我不认为可以操作什么东西。

这是不是说开始操作的最低金额是15 000美元？

我的看法是如此。

账户金额如为15 000美元，你能设定2500美元的停损点吗？

可以，但如果做错，只能玩几次。

如果有人要设定2500美元的停损点，你建议最低账户金额应是多少？

我认为你必须给自己连赔十次的空间。如果你连赔十次，每次操作赔2500美元，那就是25 000美元。这并非不是切合实际的说法。

所以除了保证金，你必须准备赔掉25 000美元？

没错。

你没有提到可能最常被人使用的停损点——图形停损点。你不认为那是下停损点的好方法？

我下认为它们行得通。乔·葛兰维尔以前常说："如果一件事很明显，那它显然是错的。"短短的一句话含有很多真理。太多人做了显而易见的事，说："我们最好把停损点设定在当天的低价。"有同样想法的人还有一万个。这么一来，这个方法便行不通。

# 波动停损点

所谓波动停损点，我的意思是指拿最近的波动幅度的某个百分率，计

# 第三章　迅速认赔

算距进场点多远的地方应设停损点。百分率可以高于或低于100%。计算波动幅度的方法有很多。大体而言，那是最近一段期间的价格垂直范围。

## 史丹·塔穆雷维奇

史丹·塔穆雷维奇是短线交易人和《市场热线更新》的主编。

**史丹，起始停损点所下的位置，对你的操作来说有多重要？**

那是生存之钥，也是成功之钥。我不找大波动。我使用相当紧的停损点。其实，有些人说我用的停损点太紧了。在一些上冲下洗最后没什么变化的交易中，我往往停损出场。你必须压低潜在的损失，使它们低于利润。如果你找的平均利润和我一样，在300美元之前，就必须设法把损失压低到接近100美元。这件事听起来很难，但我会利用每个可用的机会，把停损点设得非常接近市价。

**你是不是使用市价停损点？也就是说，你是否在营业厅下停损单，而不使用心理停损点，在市场到达你的价格之后才执行？**

我不用心理停损点。那种停损点很不容易掌握。

**你如何决定在何处设定你的紧停损点？**

通常是根据某种波动性因素。我会观察过去三四天的交易范围，甚至只看上一个交易日的范围。如果市场对我不利的走势距离等于前一天的范围我便会脱手。一般情况下，波动的距离远低于前一天的范围。

**那是波动停损点，但你不用数学公式计算某些平均值。你是用两眼观察图形，然后做决定。**

在某种程度内是这么做没错。我的标准是前一天波动幅度的一半，视之为危险点。

**你如何定义波动性？是拿高价减去低价？或者拿真实高价减去真实低价？**

我是拿高价减去低价。脱离高低价差的一半时，我会对某个部位感到紧张。

**平均来说，停损点折合多少金额？**

相当小。显然要视市场而定。就谷物来说只有两三美分。

## 攻守四大战技

**许多人会说，市场杂讯会迫使你出场。你怎么说？**

我的确经常如此。不过那又怎么样？如果最后能够奏效，你可以忍受一点小杂讯。昨天我才在黄金市场中因为某些杂讯而出场。不过损失很小，只有40美分。今天市场又回涨，但我不以为意。我乐于承受40美分的损失。

**从你的方法可以推论，你的操作所需的账户金额，比大部分方法低很多。你认为像你那样操作的话，最低账户金额应有多少？**

只要5000美元，就可以做我所有的操作。

**难得见到那么低的金额。**

交易人应有10 000美元或15 000美元，但如果你愿意一试且严守纪律，则设定这种停损点，你便有办法操作，而且不会有很大的赔损。

**看得出来，一个人的账户只有5000美元时，像你一样操作，会觉得相当安心。**

我绝对是少有的例子。

### 罗素·华森道夫

罗素·华森道夫涉足期货业的大部分层面。由于他利用波动性作为停损点的标准，而且在停损出场时，也反向操作部位，所以他的停损点可同时视为波动停损点和进场方法停损点。

**罗素，在迅速认赔方面，你是怎么做的？**

我的操作程序总是包含设定停损点。事实上，我是在停损点进场。因此，只有在市场穿越某个触发水准启动停损单我才会进入市场。

我的保护停损点的远近，由市场目前的波动性决定。举例来说，如果黄豆目前每天的波动幅度是15美分，我会把停损点放在这个波动幅度以外，好让市场制造的一些杂讯不致于影响到它。它可以在正常的波动幅度内跳动，不叫我停损建立反向部位。

**如果波动性增加，你会不会把停损点移到远一点的地方？**

不会。停损点的位置取决于历史波动性。它不会移到更远的地方。

**就整体操作的成功来说，迅速认赔的原则有多重要？**

## 第三章　迅速认赔

这个原则极为重要。如此才能确保你明天还有石弹可玩。我把顺势操作视为第一原则，迅速认赔视为第二原则。

**不过你的方法看起来似乎不怎么关心压低亏损，而比较重视不要轧平可能赚钱的部位。这么说公平吗？**

相当公平，但如果市场的波动性突然加剧，部位便有可能被冲洗出场。要是我根据历史波动性设定停损点，但突然间明天市场的波动性扩大，我便有可能失去我的部位。任何时候我都有做多或放空。如果市场的波动性加剧，我的多头部位会被冲刷掉，换来一个非常短线的空头部位。要是波动性一直相当高，最后我可能重新建立多头部位。我的部位确实会遭到上冲下洗，但不管市场的方向如何，只要我有机会从市场的波动中获利，上冲下洗就不值得那么关心。

就"迅速认赔"一词来说，你对"迅速"的关心不如对"认赔"的关心。只要你认赔，便显然不那么在意赔多少，因为面对市场的波动时，你没有任何机制，可以规范亏损的大小。

对。这是市场中黯淡的一面。要是你想定出精确的风险忍受水准，则你所要的风险水准可能与市况不相容。我老是觉得，我应该先有雄厚的操作资金。我喜欢让市场去设定我的停损点位置，不要让资金上的限制或我心理上的亏损忍受度从中干扰。

## 资金管理停损点

所谓资金管理停损点，我的意思是指根据固定的金额设定停损点。虽然这种停损点常被批评与市场无关，却有几项优点。第一，如果停损的目的是管理风险，则资金管理停损点以最直接的方式做到这一点；第二，如果你担心交易池内共谋触发停损，则资金管理停损点不会放在其他许多停损点那么明显的地方（除非偶尔凑巧）。

攻守四大战技

## 詹姆士·柯尼夫斯

詹姆士·柯尼夫斯自 1977 年后便是重量级的资金经理人。

**詹姆士，你认为迅速认赔有多重要？**

我认为迅速认赔的好处很多。如果你随时都待在市场，而且能够迅速认赔，那你应该会赚钱。

**时时待在市场内的系统如果用小额停损点，那你会发生很多次损失。**

的确如此。这是为什么你必须确定手续费率和成交差价损失很低的原因。我谈的不是 50 美元或 100 美元的损失，而是 200 美元到 500 美元之间的损失。

**这不是需要一些经验，才能在准确率很低的情况下，处理操作的心理层面？**

一点没错。

**大部分人刚踏入市场的时候，都没办法处理这件事。**

没错。所以这件事需要操作经验。你不能在感情上涉入一笔交易。你必须愿意承受亏损，甚至有时是连续十二次的亏损，为的是等一次大赚。几次大赚可以冲抵很多次亏损。

**你用什么样的方法结束一笔交易？**

我们应该在新的讯号出来后反向操作，但我们也用到一些自由裁量。

**你使用什么样的停损点？资金管理？图形点？**

反向操作停损点是从电脑模式得出的尾随停损点。我们也有一个资金管理最大值。如果它比电脑模式还接近，我们便把它放在那里，直到电脑模式赶上来。比方说，操作标准普尔股价指数时，那是 2500 美元，货币是 1500 美元，黄豆是 1000 美元。

**那结合了资金管理停损点和系统停损点，有点像是从亏损区开始的尾随停损点。**

是的，你也许可以称它为抛物线停损点。

# 第三章　迅速认赔

## 凯利·安格尔

凯利·安格尔（KellyAngle）是资金经理人和作家。

**凯利，你对迅速认赔的看法如何？**

你非迅速认赔不可。今年我提出了一种全新的进场与出场策略，称之为"丰饶之角"。它用的是 400 美元的起始风险停损点。拿四年的交易资料来测试，产生的结果是我见过的系统中前后一致性最好、获利最高、亏损数字最低。

大多数系统都使用由市场产生的停损点。大部分策略使用市场产生的停损点，并不能让你在每笔交易风险低于 1000 美元到 3000 美元的情形下进入交投热络的市场。一般人根本负担不起这种金额的风险。这是为什么小额的资金管理停损点有其绝对的必要性。

在市场没有动静的时候，你的系统对你做了什么事，比价格出现强劲的趋势时，你的系统有什么表现还重要。如果身为交易人的你，想要评估你的系统抑低亏损的能力，或许可做下面所说的实验。检查你过去的成绩，把上涨两位数的月份挑出来。接着把所余上涨个位数和下跌的月份加起来。如果总和至少为零，或者理想上高于零则你的系统能在价格大波动之间，给你无风险的环境。

**你说，大部分系统需要使用相当大的停损点，但你有个系统，能在每个市场使用 400 美元的停损点。你的进场方法到底有什么不一样的地方，允许你使用这么小的停损点？**

其中一件事是，即使我们错过一段大波动也无所谓。

**它比较会精挑细选。**

它不过度操作，但是操作的速度和一般的顺势方法差不多。它在每个市场一个月操作约两次。它会等候价格拉近，好在环境受到控制的情形下进场。这时你会有一个比较可靠的环境，能在其中较小的停损点。

**换句话说，如果波动太大，你不会进场。你等的是相对偏低的波动，以便安全地使用较小的停损点。**

没错。

攻守四大战技

## 鲍伯·裘伯

鲍伯·裘伯出版商品、股票、选择权方面的新闻信。

**鲍伯，就你使用的方法来说，迅速认赔有多重要？**

在你使用2∶1的报酬对风险比率，过滤潜在的操作机会之后，那是最重要的关键。但是迅速认赔也包含在那里面。过去20年，我的方法一年平均只做约24次操作。操作频率如此之少，一次亏损金额过大，可能对你造成很大的伤害，特别是如果你刚操作商品，还没赚到很多钱时。

我想一般人都是拿10 000美元开始操作。要是操作时没有设定停损点，一次操作失误，损失5000美元的话，可能从此永远没办法再操作商品。如果你严格地运用我的方法，也就是每笔交易冒险的金额不超过1000美元，那么你必须连错十次，10 000美元的本金才会一扫而空。你必须连错五次才会赔掉50%，并像大部分人那样开始感到恐慌。

因此迅速认赔是留得青山在，不怕没柴烧的做法，如此才有机会参与某些大波动，例如在咖啡豆等市场10 000美元的潜在波动中获利5000美元。不设法控制自己的损失就没办法继续待在市场中，抓住一次这样的大波动。这就像比赛时必须有守有攻。无法抑低损失，便是不知防守，也就没办法继续留在场内，后来居上，最后赢得比赛。

**你提到绝不拿1000美元以上去冒险。这是正常情况下设定停损点的方式，冒1000美元的风险或者你还有别的方法？**

这个星期中段我在写新闻信的时候，推荐了一种在下个星期一以市价进场的方法。所以我并不知道进场点到底会在哪里。我建议冒1000美元的风险。如果市场走势对我有利，下一封新闻信中，我会推荐从目前的价格设定1000美元的停损点。我也可能依据支撑和阻力的位置，调整停损点。

停损金额通常设为1000美元，但可以依不同的市场而调整。比方说，我发现操作日圆必须拿1250美元冒险，也就是100点。相反的，我很少见过玉米或燕麦需要拿那么多钱去冒险。

**对于玉米和燕麦，你的冒险金额是多少？**

通常在700美元到800美元间。金额多寡取决于我的进场价格，或者目前的价格相对于有危险的关键图形点的位置。

**你为什么不只用关键图形点？**

关键图形点有时需要冒 1500 美元的风险。20 年来，我发现最好定一些严格的准则，恪守不渝。不这么做你会突然相信市场中的——些东西：其实你不该相信它们。如果我们的操作时间很长，例如一个星期，那种事最后会发生在所有的人身上。

**这个方法很简单。**

我不喜欢复杂的东西。20 年来，我试用过很多既酷又炫的东西，最后都束之高阁。这就像安装报价机。我曾经三次花钱在办公室安装报价机，但又三次花钱请人把它们移走。

我发现，只要隔天翻开报纸，看看发生了什么事，操作商品可以做得好很多。要是某些事情对我不利，停损点会把我带出场。

**这么长一段时间以来，你的准确率是多少？**

约 60%。曾有一些年头，我费尽力气取得 45% 的准确率，但仍有利润，因为只要抓到两三次获利 5000 美元的操作，一整年就会出现利润。

如果 24 次操作里面，我做对 50%，那表示赔钱的操作会损失约 12 000 美元。如果我抓到两三次操作，大赚 5000 美元，而其他赚钱的操作只赚 1000 美元，那么一年结算下来，我会赚到 10 000 美元，相当不错。以上所说，都是用 10 000 美元的账户金额为基础。许多交易人有 20 000 美元或 25 000 美元，但我以 10 000 美元的账户为基础来操作，这是相当常见的规模。

## 账户本金停损点

所谓账户本金停损点，我的意思是指根据账户金额的一定百分率设定停损点。和资金管理停损点一样，这么做可以直接解决风险管理的问题，而且不像其他停损点一样，放在明显的地方。

## 尼克·范尼斯

尼克·范尼斯是商品趋势服务公司各种系统和热线的主编。

**尼克，你对迅速认赔有什么样的看法？**

你该做的第一件事是决定于何处认赔。我的所有停损点都设定为账户金额的某个百分率。我认为，损失不要超过本金总额的2%左右，这件事非常重要。这可以让你历经一连串的损失仍能存活。甚至于你可以连赔十次，账户金额仍只有20%的赔损率。

**那是你的停损点的外部限制，或者是你设定停损点的方法？**

我是那样设定停损点的。

**我们知道你也喜欢使用收盘停损点。换句话说，市场收盘价必须超过停损点你才会出场。这不是会使你的风险显著增加吗？**

是的，我严格地使用收盘停损点，偶尔确实被打得很惨。你会承受2%以上的损失，但期货市场的特性本就如此。以收盘停损点把短期的杂讯从画面中剔除是很重要的一件事。它们对我的操作很有帮助。

**你是不是曾测试收盘停损点相对于正常停损点的优劣？**

有，而且它们产生的结果优于正常停损点。不过容我补充说明如下。在我做过的所有测试中，我发现停损点实际上减损了我们商品趋势服务公司所用系统的整体获利，换句话说，不设停损点的话系统能赚比较多的钱。

**你宁可用反向进场讯号带你轧平某个部位，而不用停损点？**

我不会那么说。我宁可让出场讯号带我出场，而不是用停损点。但使用收盘停损点似乎是最适当的操作方法。

**使用出场停损点表示你的部位已经赚钱。要是你的部位还没有赚钱，那怎么办？这时你必须有个反向讯号，不是吗？**

是的，但我也使用2%准则。低于2%损失限制的第一个收盘价一出现，我便出场。

**你是否一直使用2%的准则操作一口合约，或者你有某种方法使用在多口合约上，使得2%成为一个大数目？**

## 第三章　迅速认赔

不,我尽量让事情简单。我只操作一口合约。

**对于那样的2%准则来说,你认为什么样的账户金额最适当?**

不管账户金额多寡,2%准则都可以使用。不过账户金额下限约为25 000美元。低于25 000美元,使用2%准则没办法容纳够大的停损点。

如果账户金额是25 000美元,使用2%准则,那便是500美元的停损点。你说,你只操作一口合约,那么这是不是表示账户金额如为200 000美元,你会使用4000美元的停损点?

不,我是用25 000美元的账户来思考。我们的样板投资组合是这个大小。我们对每口合约500美元左右的亏损泰然处之。所以,如果你操作的是100 000美元的账户,那就应该操作四口合约。

## 史提夫·布里斯

史提夫·布里斯是《商品期货市场多头评估》新闻信的主编。

**史提夫,迅速认赔对你有多重要?**

迅速认赔当然攸关操作的成败。但是做得不好你肯定不会成功,不会赚到钱。在我看来,迅速认赔是指每笔交易必须有个了断点。这个了断点是你停损结束操作的地方,因为你知道自己错了。

我从来不曾以金额上的损失为基础设定了断点,而一直是以自己看错了操作趋势的那个地方为依据。如果你只是以金额上的风险或账户本金的百分率为基础迅速认赔,那么你并没有真正照着任何技术系统去做。

正如我们以前谈过的,为了获利你必须顺势操作。只要趋势仍对你有利,你不会想结束一笔交易。你的停损点应该设计得在你晓得趋势已经改变,而且现在对你不利时,带你出场。关键之处在于调整你的进场点,好让那笔交易的总风险只占本金的一小部分,不管那是1%、2%或5%。

**听起来很有意思。假设你有笔交易,是在自然进场点进场,风险为1000美元。由于账户金额的关系,交易人希望使用500美元的停损点。有些人可能说,我不想因为风险太大而错失这笔交易,所以我要在自然点进场,然后调近保护停损点以抑制风险。**

我不曾用过资金管理停损点。

## 攻守四大战技

你会说，由于正确的停损点在更远的 500 美元处，所以那个人会太早触及停损点而出场。你宁可调整进场点，使距正确的停损点 500 美元。这么做，你会因为预期心理而太早进场，或者为了在自然进场点之后等候回折而太晚进场。它们是处理相同问题的不同做法，你却说，你的方法明显正确，另一种方法显然错了。

你所说的第一种方法是典型的操作策略，使用到资金管理停损点。谈操作的书籍会告诉你，针对特定的价格形态，停损点应该设在哪里。要是冒险的资金金额太多，那你就应该使用较近的停损点。但这么一来，你就不再用到纯系统的操作。

很多新进的交易人打电话给我，询问特定操作上的问题。我问他们的第一件事是停损点要设在哪里。他们通常知道自己想设在哪里。它在图形上面的点，应该是他们知道自己做错的地方。接着我问他们，想要冒多大金额的风险。回答是："我不晓得。"

我问道："你的账户有多少钱？"我们得到了一个数字。可能因为他们是小户的关系，他们只能冒 200 美元的风险。那是他们可以拿去冒险的全部资金。你知道我告诉他们怎么做？

我说，把进场点放在他们刚算出来要作为停损点的地方，然后在进场点之下设定 200 美元的资金管理停损点。到头来，这些操作大都行得通。

你告诉他们，在他们应该出场的地方进场？

没错。这么做行得通的道理，在于他们并不笨。他们读过所有的书。他们晓得每个人在什么地方出场。他们希望在同一点出场。问题在于每个人都在那一点出场。这时正好应该进场。

如果你调整进场点，以致于它们不在正确的进场位置，那么你的操作准确率不是低很多吗？在你进场之后，市场继续往前走的时间，不是因此缩短了吗？

这是为什么我会使用确认工具的原因。当然了，我最喜欢用的是《交易人承诺》报告。我希望在我操作的时间构架内，趋势对我不利时，见到聪明人把资金投入市场。这会让我觉得，他们将使趋势反转为我希望走的方向。

## 第三章　迅速认赔

根据较长期的趋势你可以做类似的事情。你可以根据周期去做。做这件事的方法有很多种。你希望找到某个理由，说你希望操作的市场即将反转。对许多交易人来说，所有的事情都考虑过后，开始计算停损点应该放在哪里时，便会摸到窍门，晓得他们真正应该在哪里进场。

很有意思。且让我综合整理一下。你先从每笔交易只能损失一定的资金做起。不管那是根据本金的某个百分率，或者个人觉得安心的水准，那都是个起点。假设某个人的账户金额很高，因此数字是多少并没有那么重要。接着你用账户本金的某个百分率，设定损失金额。那个数字是多少？

我想，账户本金的1%比较合适。

我们就假定1%是我们账户令人放心的停损点。接着我们观察一笔可以操作的交易，看看我们预计的进场点和停损点会在哪里。我们的停损点将放在趋势转而对我们不利的地方。

- 我们计算出，要是停损出场，我们会损失多少。如果那个金额在1%的忍受范围内，那我们就可以放手去操作。根据损失的金额有多小，我们或许能够操作多口合约，而损失仍保持在1%的范围内。
- 但是如果损失不在1%的忍受范围内，我们必须调整进场点，使它离出场点够近，好让我们的风险不高于1%。
- 调整进场点之后，我们就要观察能不能找到某些确认迹象，显示这笔交易将从我们调整后的进场点，走到我们一开始所选较为理想的进场点，然后才反转，触及我们的停损点。你的观念是不是这个样子？

说得真好。

你的另一个观念，是考虑把进场点定在出场点的位置，并把停损点放在更远的地方。

假设我们想建立一个多头部位。大部分人可以算出停损点应该放在哪里。他们的账户金额告诉他们，应该在那一点和最适当的进场点之间某个地方买进。他们必须等到市场更为疲弱，价格接近他们的停损点。但你在什么地方逢低承接？我们找不到一种好方法，可以决定要等市场疲软到什

攻守四大战技

么程度。拿停损点作为进场点，是相当好的简便方法。

# 保证金停损点

所谓保证金停损点，我的意思是指根据你操作商品的交易所保证金的某个百分率，计算停损点。个中理由在于那个保证金是一种波动性和风险量数。换个方式说明同一种方法，则是以市场中的涨跌停板的乘数或百分率来表示（如果有涨跌停板的话——不是所有的市场都定有涨跌停板限制）。

## 科林·亚历山大

科林·亚历山大（ColinAlexander）是《泉源期货新闻信》（TheWell-springFuturesNewsletter）的主编。

**你如何迅速认赔？**

我综合使用半个涨跌停板、图形点、趋势线交叉以及周线反转。

**你如何定义周线反转？**

那是指多头市场中，价格超越前一周的高价之后，那一周的收盘价低于前一周的收盘价。空头市场的周线反转则是相反的情形。

**我晓得你对使用停损单抱着矛盾的心情。**

当然了，你应该压低亏损，而且不要死抱着部位不放。在我是零售营业员的时候，曾见过一个人抱着原木，从195跌到120，因为他就是不肯相信下跌趋势不会结束。

在压低亏损和给一笔交易够大的波动空间之间，有个合理的取舍点。任何东西靠得太近，都容易把钱给了市场却一无所获。最后你所做的事只是承受不必要的损失；严格的说，折返应是建立更多部位的地方，而不该停损出场。

**你不觉得半个涨跌停板太小？**

那是大体上正确的数字。我很少愿意在黄豆油承受50点以上的损失、原油50美分的损失、加拿大元50点的损失。

**你如何得到这些结论？那是根据测试或经验，还是别的什么东西？**

经验。

**你从事操作已有多长的时间？**

十四年。

## 兼容并蓄的方法

### 杰克·史瓦格

杰克·史瓦格是保德信证券公司的期货研究及操作策略部门主管。他建议不同的操作风格采用不同的停损设定方法。

**迅速认赔有多重要？**

它是不可或缺的一环，理由很简单：不这么做，只要错一次便会被淘汰出局。如果你非常看好债券后市，而且过去几个月来一直都看好，那你可能失去整个账户。面对持续不衰的趋势，如果你做错部位，那会是一场灾难。因此你必须设法迅速认赔。

**讲得明白些，你的迅速认赔观念为何？**

我可以给任何人一个最简单的建议，那就是进场之前先决定要在哪里出场。但是对那些没办法信任自己的人，不妨在下进场单的同时下常效轧平单。接下来就不必为它而烦恼。

如果你是系统交易人，你必须在你的系统内建立一些准则，以免在某个持续性的市场波动中站错边。你也必须考虑运用杠杆等事情。杠杆的运用应限制在某种程度内，以免和你愿意冒的风险或应该冒的风险比起来，冒了太大的风险。

**有什么不错的指导准则可用？**

你可以逐笔交易来做。这可能是最直截了当的方式。一般常提到的百分率是账户本金的1%或2%，顶多是3%。对许多人来说，这事做起来很

## 攻守四大战技

困难，因为他们的账户金额不够多。这和你的账户金额很少，就说你不能操作一样。理想上，如果你是逐笔交易来做，我要说每笔交易2%或更低是最适当的比率。也许顶多只能是3%。

**就你实际下停损点的做法来说，你喜欢使用哪些方法？**

在这里，主观性操作和电脑化操作两者有差别。就后者电脑化操作而言，我不相信使用停损点有好处。我只有一些准则，在市场对我显著不利时结束操作。

就你运用判断力做决定的个别操作而言，你应该问自己："市场走到哪里时，我会不再想要这笔交易？"或者用另一种方式来说："如果我是对的，那么什么事情不应该发生？"这个问题的答案便是停损点。

或者，那可能只是你在这笔交易上愿意冒险的金额。那一点在技术上并不重要，因为许多情况中，技术上重要的停损点造成的损失可能远高于你的账户的合理损失金额。

**如果有人见到一笔交易他们想做，认为图形上有个漂亮的点比他们实际上应冒的风险还低，于是放手去做，拿较少的钱去冒险，因为他们觉得，就他们的账户大小来说，这样的风险管理令他们安心。你对这样的人，不认为理论上有问题？**

不会有问题。但为了这么做，他们应该有某种感觉，觉得现在就是最好的时机。应该有某种东西告诉他们，现在就去做这笔交易。

**对系统操作来说，你是不是只等系统反转？**

我利用电脑化方法管理资金。虽然这个策略实际上有几百种方法可用，却没有一种需要设定停损点。它们不用停损点。操作规模很大时，我不喜欢下停损单。要是你在市场中下很大的停损单，市场会不会比较有可能到达那一点，我不是很肯定，但它绝对没有帮助。没有理由露出你的底牌给别人看。

因此我设计自己的方法，避免运用停损点，并以不同的方法控制风险。控制风险的方法包括：分散使用范围极为广泛的策略，并确定那些策略包含高度不相关的系统，因此你很不可能建立起极大的部位。我也尽可能分散到广泛的市场。在范围最广的投资组合中，我操作的市场超过50

## 第三章　迅速认赔

个。所有这些一起做的话,你会发现本金不会产生对你不利的激烈波动。

**要操作那样的系统,账户资金最低需要多少?**

100万美元。其实,我设计这个方法是为了操作100万美元。你需要那么多钱,才能调整每笔交易的部位大小,从中获得好处。对我来说,这件事非常重要。要是没有能力调整赌注的大小,我就没办法在冒了某种风险之后,获得令人满意的报酬。

但愿我的朋友们已经提出一些想法,供你下停损点时参考。下一章,我们要探讨放手让利润自行发展的观念。这可能是所有的原则中最难做到的一点。

# 第四章
# 放手让利润自行发展

这么多年来，听到成功的交易人老是说，把现有的赚钱部位获利了结、落袋为安，是各种操作决策中最难做的一个，这样的话令我惊异下已。大部分胸怀大志的交易人几乎所有的时间都用在研究进场方法。这可能是因为他们相信近乎完美的进场可以弥补其他领域的缺陷。由于近乎完美的进场只在事后来看才有可能，所以经验丰富的交易人到头来最不重视进场。

我访问过的专家有很多方法让利润做大。他们大致上可分为以下几类：尾随停损点、利润目标以及反转系统讯号。使用尾随停损点的人中，分为根据指标、波动性、图形形态和金额等几种方法。有些人说，坐视利润自行发展对他们并不重要。还有人综合采用多种方法。

## 以指标设定尾随停损点

### 尼克·范尼斯

尼克·范尼斯是商品趋势服务公司各种系统和热线的主编。他强调长线操作。

## 攻守四大战技

**尼克，坐视利润自行发展有多重要？**

放手让利润自行发展很重要。随之而来的一个好处是留着一笔交易可以阻止你接受系统的其他讯号。务必限制你的系统所做的操作数目。在你长线操作且拥有赚钱的部位时，由于不做其他的交易，因此可以抑制风险。

**换句话说，当你放手让利润自行发展时，就不会加码操作。**

没错。一般来说，市场并没有很多可以操作的趋势性行动。当你终于在市场中找到趋势，系统要你去操作时，务必保持耐性，让那笔交易开花结果。

**这是不是等于说：不去动部位的风险，低于过早结束原来的部位、建立新部位的风险？**

对。如果你像我们的系统那样，使用2%的停损准则（把起始风险限定在账户本金的2%以内），尤其如此。

**任令利润自行发展还有没有其他的好理由？**

有的。最重要的理由是，由于期货操作很难，你的关键性攻击武器，是一年内所看到的少数几次大走势。一旦你退出某个大走势中的市场，便很难重返市场。不管从心理面、感情面、财务面来说，都很难重返你已退出的走势。不管怎么说，我都觉得那很困难。

假设你做了某笔交易，获得7000美元或8000美元的利润，超过你的预期，而且达到你的利润目标，于是你实现获利出场，后来才发现好戏刚上场。如果你是顺势操作者，一年内便只能靠少数几次大赚达成利润目标。要是你想用短线操作来达成目标，到头来赔的会比赚的多，因为交易成本很高。对短线交易人来说，交易成本累积得很快。用简单的算术就能算出来。赚钱的操作必须赚很多才行。为了大赚一笔，你必须让赚钱的操作尽可能往前发展。

**你如何放手让利润自行发展？**

有两种方法：使用尾随停损点或者不用。我有一些系统并没有尾随停损点，也喜欢这样的操作方法。你让系统的指标在反方向产生进场讯号，带你出场实现获利。

## 第四章　放手让利润自行发展

另一个方法是使用非常长期的移动平均线，设定尾随停损点。我喜欢 45 天到 50 天的移动平均线也喜欢使用收盘停损点。

一个有点微妙的区别是在已有获利，但利润逐渐减少的部位使用不同的出场方法。一个部位获有利润时，和赔钱的部位比起来，最好的做法往往是使用较长期的指标。我们的"趋势创造者系统"的一个关键秘密在此。和赔钱的部位比起来，我们使用长得多且较为严格的要求以轧平赚钱的部位。往前一步的话，你可能希望在你的赚钱部位考虑使用收盘停损点，在新的部位则使用正常的保护停损点。

**你说到你的指标时，不可能是指反向进场讯号，因为那需要 9 个月的时间，等候反向趋势建立起来。**

是的。

**所以它其实比较像是非常长期的尾随停损点。**

你必须每天移动它。有三条非常长期的移动平均线和两个较短期的指标。它们全都必须转向，发出出场的讯号。

**但那是一种不同的出场讯号，不是进场讯号。你的意思是不是这样？**

对的。

**不过你也有另一个替代方法，就是只有一条长期移动平均线。**

没错。

**你如何决定选取何者？**

视何者先发生而定。

## 科林·亚历山大

科林·亚历山大是《泉源期货新闻信》的主编。

**科林，放手让利润自行发展这个原则有多重要？**

极为重要。如果你不能从一些操作大赚一笔，毫无疑问的，你绝对没钱支付那些赔钱操作所带来的困窘和损失。即使在最好的情况下，你的赚钱操作的比率也不超过 50% 左右。

一旦某笔交易开始动起来而且获有利润，我便准备给它一整个停板到一个半停板间的整数，好有所反应。举例来说，在棉花的操作上，如果趋

## 攻守四大战技

势很强，而且我有一笔利润可为缓冲，那我可能给市场多达 200 点或 300 点的空间。

**听起来好像你在赚钱的操作上使用某种尾随停损点。**

是的，使用图形点。我注意周线反转和持续不利的日线图走势。

**听起来很主观。**

是的，的确如此。依我的经验，不同市场的情况很少适合使用一成不变的准则。你可以预期加拿大元的走势和猪腩的走势相当不同。

**在别人能够那么主观地操作之前，你认为他们需要多少年的经验？**

一个人在一年左右的时间内应该能够处理。

**你还看其他什么指标？**

这有点像开波音 747，只靠高度计和回转仪罗盘是不够的。我留意十或十二种主要的指标。

## 杰克·史瓦格

杰克·史瓦格是保德信证券公司的期货研究及操作策略部门主管。他也是商品资金管理业者怪杰操作公司的合伙人之一。

**杰克，放手让利润自行发展有多重要？**

对一个以趋势为导向的交易人来说，这是不可或缺之事。在艾德温·勒费佛所著《股票作手回忆录》（寰宇出版公司译行，编号寰宇财金 62）一书中，以小说的手法处理杰西·李佛摩尔的故事。他说："为我赚大钱的从来不是我的想法，而是我缩手不动。"这真是一针见血之论。这话的意思是，你不必是天才，也不必比别人聪明，而是需要多一分耐性，守紧正确的部位。当你建立部位，做一笔重大的交易时，一定要能够掌握那段波动的一大截走势。这事十分要紧。

这是操作风格的问题。我的风格是从一些波动中赚大钱，其他波动则力求损益两平。

**你如何放手让利润自行发展？你使用尾随停损点吗？**

让利润自行发展，做起来相当容易，解释起来也相当容易。基本上，如果你是使用长期的交叉移动平均线系统，并且照它的讯号去做，则你必

## 第四章　放手让利润自行发展

然会放手让利润自行发展。它会产生其他的问题，但我用它试着回答你的问题。我脑海里马上想到的是，假设你在某个市场用 125 天的交叉移动平均线，一旦市场有了大波动，你便会长期乘风破浪前行——你会抓住这段走势。瞧，做起来多容易。

实务上，所谓放手让你的利润自行发展，是指你事先不见得知道哪些将是真正的大波动以及哪些会半途而折返。举例来说，如果你像我们一年半来在外汇市场操作，则 125 天交叉移动平均线会杀了你。依我之见，没有单一一套策略能够奏效。你必须结合几种不同的策略。

### 麦可·齐穑

麦可·齐穑是金牛座咨询服务的主编，发行已有 20 年。

**麦可，放手让利润自行发展有多重要？**

前面我们讨论这些原则时，我用了一个汽车的比方。你的四大原则尤如车子的四轮。任一轮胎爆破操作起来就会颠簸不堪。破掉的轮子不只一个，那就什么地方也去不了。

**你如何放手让利润自行发展？**

对我来说，尾随停损点绝对不可或缺。通常我会用某种尾随停损点锁住利润。这件事取决于操作时间的长短——短线或长线。我个人的操作时间构架是 30 天到 60 天。

我喜欢以机械式的方法移动停损点，而不靠个人的判断。我喜欢的方法用到移动平均线和通道。我发现，虽然和一些较为奇特的指标比起来，它们可能显得很简单，但效果最好。我相信最简单的东西有时最好用。

我也相信，万一市场太早触及你的尾随停损点，有必要以某种再进场方法，重回趋势。有时可以使用原来的进场方法，但我的再进场速度通常比做新的交易要快。我可能在一个讯号出现后，隔天开盘就进场，而不像我起初做交易时会等进一步的确认。

我曾试着利用利润目标。曾有两年的时间内，我试用过每一种想象得到的利润目标，可是没办法找到一种方法，像尾随停损点那样既有前后一致性又能赚到钱。到目前为止，我还是喜欢尾随停损点。

## 攻守四大战技

利润目标是不切实际的东西。不管上涨或下跌，市场的动能会愈来愈大。它们有自己的主张，只顾前行。因此，我使用利润目标从来不曾产生效果。

我喜欢机械式方法的理由在于和操作的其他地方比起来，贪婪和恐惧更有可能侵入这个领域。我们总是想从一笔交易中挤出更多的钱，同时又会担心失去一些或全部的利润。用机械式的方法退出获有利润的操作，我会做得好很多。

**你做测试的时候，是否在每个市场使用相同的准则和相同的参数？或者因市场而定？**

我们会忍不住因不同的市场而定不同的方法，因为可以得到一些爆炸性的成果。但大部分人同意那会做得太过火。我坚持在所有的商品使用相同的变数。

**就我记忆所及，在你的尾随停损指标至少处于损益两平点之前，你不会移动起始停损点。是否的确如此？**

是的。很长一段时间以来，我认为损益两平停损点非常宝贵。这些年来，我做了更多的测试，得到的结论是损益两平停损点除了让人感到安心，别无实质功用。

我的尾随停损点所用的指标，不见得要和起始停损点相同。比方说，我的起始保护停损点可能使用30天移动平均线。接下来我的尾随停损点可能使用完全不同的东西，如十一天通道或十八天移动平均线。但在至少达到损益两平点或更好的水准之前，我不会开始使用尾随停损点。

**接着你每天注意它，而且把它移得更靠近，而非往外移？**

是的，只要它在涨跌停板内。要是超出涨跌停板，我可能让它待在原地几天之久。

**实务上这么做？**

对。

**但就系统来说，理论上你可以每天移动它。**

没错。

**你是否在操作的整段期间内使用相同的尾随停损点方法，或者视操作**

## 第四章　放手让利润自行发展

的获利程度而改变尾随停损点方法？

现在我不管操作获利多少，都使用相同的尾随停损点方法。曾有一段期间，每当 RSI（魏尔德的相对强弱指数到达某个超买水准或某个超卖水准，我都会紧缩尾随停损点。经过更多的电脑测试后，我发现这种做法的效用不如在整笔交易期间使用相同的尾随停损点。

**你提到，在你的尾随停损点带你结束某笔交易之后，会使用没那么严格的准则重新进场。这么一来，尾随停损点的效果不是会降低吗？如果你就要马上重新进场，那么当初退场不是浪费时间吗？**

说得好，有时情况的确如此。但有时尾随停损点在矫正时带我出场，而我的其他重要指标全都保持原状。

**我可以想象有一种再进场方法，举例来说，在你做多的操作中，碰到市场创下新高价时，带你重新进场。但隔天开盘时立即重新进场，似乎是在浪费手续费。**

我只在一些指标仍保持原状时才重新进场。有些时候，运作得很好，有时则不然。每当我的尾随停损点触及，十次里面有九次，便有一个进场指标已经移动，因此我不会再进场。

# 尾随停损点

### 凯利·安格尔

凯利·安格尔曾发行《时机装置》顾问咨询服务，但这次访问之后，他正当全职资金经理人。

**凯利，谈谈放手让利润自行发展。**

今天的市场趋势不同于五到十年前。现在大部分时候，价格会垂直波动，因为有个交易大户轧平部位产生假突破。比方说，假设有位经理人在外汇市场操作。市场平静无波之际，他倒出空头部位。价格大涨了一天半，其他交易人对上涨走势有所反应。每口合约创造了 1000 美元到 1500

## 攻守四大战技

美元的涨幅。但是没有后续的买盘支撑涨势，于是价格跌回原来的水准。

除非落入这种假突破（你也可以称之为迷你型趋势）的交易人能够处理，并好好掌握，否则没办法活得太久，见到延续几个星期或几个月，真正大型的价格波动。

我认为应该采取有弹性的获利了结方法，能够同时运用于短线和长线的价格波动。照我的方法去做可以在几个小时内获利了结，或者紧守某个大波动几个星期之久。拥有这种弹性，你才能接近50%的准确率。从情绪的观点来说，这是比较轻松愉快的操作风格。

**这里显而易见的重要问题，是你如何才能迅速获利了结而不错失大波动？你如何知道何时将有大波动，何时没有？**

这完全要看你的操作部位而定。市场正在做什么，或将要做什么，其实无关紧要。你的风险因之完全取决于特定的操作部位。我会想到这件事，是因为在杰克·史瓦格所著《金融怪杰》（寰宇出版公司译行，编号寰宇财金15-16）一书中，保罗·都德·琼斯谈到他看待每一笔交易，尤如昨天才建立。在我看来，他的意思是指在你操作时，最大的风险存在于最初几个小时或最初几天。

如果你像我一样使用小停损点，要是你错了，那就完了。我曾在5分钟内输掉一笔交易。大致来说，如果我错了，我会在头一两天内便出局。要是你在最初几个小时内获有利润，那么这有可能是某种现象之一，也就是一位交易大户正在轧平部位，你将看到一天半的小涨势或者一天半的卖压拥现。市场倾向于上涨一到三天。

最近交易人流行抓取这种一到三天的现象。我买了一些系统来探讨这件事。我仔细观察并加以测试，得到的结论是：对我来说，那是一种荒谬的时间构架。在这之前我所做的研究告诉我，如果你乐于赚取这种蝇头小利，便会毁掉自己紧抓延长走势的能力。在商言商，从你剥夺自己掌握延长走势的那一刻起，便很难赚到长期利润。

换句话说，如果你在1000美元的价格目标获利了结，你便排除了赚取5000美元到10 000美元波动利润的能力。以十年来我采用的操作风格来说，紧抓大波动走势，你会赚更多钱。长期而言，你能不能存活，取决于

## 第四章　放手让利润自行发展

大做一笔交易的能力。

但是在你等候的时候，你会看到许多小交易来了又走。你会问自己，为什么要让那1000美元的波动擦身而过。对于这件事，有什么理论可以说得通？有的。

理论如下所述。我称之为血流理论。假设你的系统一年赚100%。但是在头十个月等候大交易期间，你赔损了50%。大部分人不会熬到最后两个月。赔损使他们的身体失血50%，衰弱得无法支撑下去。

这些小交易机会看起来似乎相当有规律。至少你可以把风险降到零。要是你能够掌握蝇头小利，不妨去做。如果市场在一天半内急涨1,000美元的利润，那么交易人应该非常积极，至少把出场停损点移动到损益两平的水准，或者更高的地方。

接下来的事情要看拥进的新买盘或新卖盘把价格往前推进到什么地步。如果这样的事情发生，市场告诉你的是：新的参与者正对趋势火上浇油。看到这个现象，你就应该停止并积极地紧缩停损点。如果一笔交易继续获有利润，我会慢慢地把停损点移离市场。我因此能够守住这笔交易，度过后来的一些杂讯。一笔交易一到五个星期的寿命期间内，难免出现这些杂讯。

据我所知，如果可以得到的话，你宁可要长线的波动，但你知道还是能够靠短线的波动赚到很多钱。所以只要能够获得，你不会完全反对迅速获利了结。你做这件事的方式，是在头几天内使用非常积极的尾随停损点。如果它能让你马上获利，那也不错。即使下了积极性的停损点，要是你的操作维持几天以上，你会认为这表示市场有出现较长期波动的潜力。于是你舍弃尾随停损点，转为长线操作。这么说对不对？

对。个中关键不在于你能从短线操作中赚很多钱，而是大部分情况中，头几个小时或头一两天，赚进300美元到600美元的小钱，可以降低你的暴险程度。这对于支应每笔交易所冒的机会成本风险（起始停损点的规模）大有帮助。这真的有助于缓和本金的起伏波动。

在你开始为长期波动抱牢部位时，总账户中可能有50%的未动用本金。即使你的总本金增加，已动用的本金也可能遭受严重打击。不断获取

## 攻守四大战技

一些小利润,有助于补充你的已动用本金,使它的表现更为稳定。

根据测试,我发现停损点愈紧,对于已动用本金余额的补充更为稳定,并使准确率提高到接近50%。不管对你的账户或对你的心境,这是两全其美的做法。

**如果你因为这些积极的战术而停损出场,你有再进场的策略吗?**

有,如果市场的波动不是太剧烈的话。

**但是有些时候,你会因为太早出场而错失大波动。**

没错。但这是另一回事。在你测试系统时,你会发现即使市场持续前行,出现大波动,你的系统最后还是有可能在非常接近操作之初附近的短线获利点处出场。你总会留下一些潜在的利润无法取走,所以赚取不错的短线利润,对你的惩罚也许不如你想象的那么严重。

观察大部分长线方法所创造的未实现利润,并与实际轧平时获得的利润比较,你会发现比率相当低。长线系统所创造的最大未实现总利润之高,令人瞠目结舌。这个数字通常很大,但即使很棒的系统,实际上只能取走总潜在利润的1/5左右。

## 华尔特·布雷瑟特

华尔特·布雷瑟特是周期交易人,喜欢操作多口合约的部位。

**华尔特,放手让利润自行发展,对于操作成功有多重要?**

对许多人而言,他们在市场上赚到最多的钱,来自长期紧抱某样东西。在我操作生涯的早期,便发现真正的大钱是在大走势中赚到的。如何保持神智清明,做到这件事?

要紧抓大走势不放,至少有一次你必须忍受吐回25%到35%的利润。对大部分人来说,这个金额大到无法忍受。他们无法承受这样的痛苦。

在你下定决心让利润自行发展之前,必须设计一套策略,让自己面对市场对你不利的定势时,能够泰然处之,心境不致失去平衡。一旦你的心境失去平衡,那么不管你做什么事,都会操作不好。我想,你下一个要问的问题是,我是怎么做的?

**没错。**

## 第四章　放手让利润自行发展

我由基本趋势着手，从这里回到主周期。要是我对主（周）周期底部的判断正确，之后市场会上涨至少几个星期。如果下一个较长的周期，也就是季节性周期正在上扬，那么周周期将出现我所说的正确解译。它的上涨期间会比下跌期间长。这种情况下，通常可以预期市场将上涨至少六周，有时则是两三个月之久。

根据同样长度的周期以前的表现，我会对应有的价格和时间目标抱持某种期望值。其他的周期中，约70%会出现这些水准。我有了时间和价格期望值，便有了目标。在我到达那个目标之前，通常不担心市场会往反方向走太远。在它对我不利时，我会泰然处之。

这套策略的第二部分是如果你错了，而且市场没有达到你的目标，如何轧平部位。我使用三种不同的尾随停损点告诉我是不是错了。其中包括能够产生反向进场讯号的价格形态，告诉我部位是不是建错了，至少暂时如此。

我把我的操作分成三个不同的时间构架：短期、中期和长期。我为每段期间选个尾随停损点。对于长期的时间构架，停损点距市场很远，在市场小幅修正时，并不会影响我的部位。但它也能在不让我损失太多钱的情形下带我摆脱不好的操作。

**如果你有三种不同的尾随停损点，比较短的一种不是先触及吗？**

我刚建立一个部位时，三个时间构架都有相同的停损点。一旦市场移离我的进场点，我通常在进场五个交易日内，对时间构架最短的部位获利了结。轧平第一个部位之后，我开始为第二个部位移动停损点。轧平第二个部位后，再为第三个部位移动停损点。

**这么说，你操作三个部位。**

三到五个。但为求说明简单，不妨说成三个：短期、中期和长期。

**你操作三种不同的合约或合约群，而且有三个尾随停损点。它们会在不同的时间和不同的价格，带你轧平三个部位。**

我从短线的观点找市场的进场机会。短期的时间构架告诉我，价格可能上涨到某个特定的水准。那是我应该实现短线获利的地方。

如果我在那一点改变和拉长时间构架，则这笔交易看起来可能非常

## 攻守四大战技

好。就在我可能获利了结的地方，我也会想到要长期持有部位。如果我留下短期部位，那么市场可能转向，使我动弹不得，什么也赚不到。在三个不同的时间构架使用三个不同的部位，前两个部位的获利给了我缓冲空间，以便掌握第三个部位的大走势。

**这就好比同时使用三套不同的系统。**

没错，等于进场时用三种不同的方法锁住利润。

### 罗伯·麦勒

罗伯·麦勒是甘氏方法的交易人，也是《主市场分析报告》的主编。

**罗伯，放手让利润自行发展有多重要？**

绝大部分的利润是由少数的操作产生的，但我不知道比率为何。你必须抱着一笔交易，好抓住市场强劲波动的潜力。

**你如何抱着一笔交易？**

在市场证实我做对的每一点，我会把停损点移得更靠近些。我称它们为趋势性延续。

**根据什么？**

每一件事都是根据时间、价格和形态。要是你做得对，三者应该都会告诉你同样的事情。形态和它很有关系，但它和价格水准也有关系。一旦价格超越某个水准，它便很有可能走到下一个水准。如果价格越过某个水准后立即折返，那就像是假突破，十分清楚地指出你错了。

于此同时，你也留意反方向的讯号。在你持有获利部位的时候，如果价格和时间一起往反方向走，那你会接受反转讯号，还是抱紧赚钱的好部位？

绝大部分时候，我只是把尾随停损点移动得很靠近。我让市场告诉我怎么做。要是和预期十分吻合，我可能一口气把停损点移动到前一天的低价（适用于多头部位）。如果收盘价低于开盘价，那么如果有任何疲弱迹象，市场将可能反转。

# 第四章　放手让利润自行发展

## 根据波动性设定停损点

### 罗素·华森道夫

罗素·华森道夫是《期货因素》的主编。

**罗素，你对这个原则有什么看法？**

放手让利润自行发展和趋势分析有很大的关系。我根本不做的一件事是只因为某一天市场大幅波动就轧平部位。我宁可让市场触及我的停损点带我轧平部位。

**你一定反对采用迅速获利了结的短线方法？**

绝对反对。如果你根据市场的波动性设定停损点，则在趋势改变或即将改变之前，波动性将不会带你出场。波动性增加通常发生在市场的主要头部。因此，你必须放手让市场涨到最高价，到了最后一刻，在头部稍微放弃一些获利。

**这么说，你是根据波动性下尾随停损点。**

没错。

**你使用什么样的期间衡量波动性？**

我用30天的加权移动平均线，其中近来的波动性最重要。我每天重新计算停损点。

**放手让利润自行发展对你的整体获利有多重要一事，你还没提到。**

这次访问的构架很有意思。如果我们拿一到三的量表来说，则顺势操作排名第一，第二是以停损点保护部位或者迅速认赔。依我的看法，第三才是放手让利润自行发展。

攻守四大战技

# 根据图形形态设定尾随停损点

## 比尔·盖里

比尔·盖里是商品资讯系统公司《价格认知》新闻信的主编。根据《商品交易人消费者报导》的分析调查，在艰苦的1993年，《价格认知》是表现首屈一指的咨询服务。

**比尔，你对放手让利润自行发展的观念有什么看法？**

放手让利润自行发展和迅速认赔一样重要，因为你永远无法确切知道明天将发生什么事。明天巴西可能下雨，或者发生其他出乎意料的事。奇怪的是，事件往往会追随市场发展。换句话说，如果我们置身于不错的市场上升趋势中，你会发现新闻事件往往追随那个趋势而发展。如果你只是因为赚到不错的利润而离开市场，而且发生了一个惊人的新闻事件，那么你可能把一大笔钱抛在后头。到了年底，放手让利润自行发展多得的利润，通常操作账户是赚或赔。因此放手让利润自行发展极其重要。

**你是怎么做的？**

我使用尾随停损点。在我建立基础部位而且市场开始动起来之后，我会逐步把停损点上移放在主要支撑区之下，或者放在费波纳奇拉回或类似性质的东西之下。

**那是图形尾随停损点？**

是的。接着在我们进入走势的后期阶段时，我会改变战术。我观察市场中最后一次最大的拉回，用那段距离作为我的尾随停损点。比方说，假设我们做多糖，而且最近一次跌幅是60点，之后回升，创下新高价。如果我们处于走势的后期阶段，我会用那60点跌幅决定停损点。我把它放在目前价格以下62或65点处。我让市场爱涨到多少就涨到多少。最后它会反转，让我停损出场。我不会试着去抓头部。

如果你碰到另一个较小的回档，而且你还没结束交易，你会配合最近

## 第四章　放手让利润自行发展

的回档缩小尾随停损点吗？

会。假设市场跌了60点，然后创下新高价，之后回软，很快跌掉35点，但再度回升，另创新高。这时我会改变尾随停损点为35点加上数点。我会继续像这样子紧缩，直到最后停损出场。

**你如何定义大回档？你所重视的大回档和你忽视的小回档之间，有何不同？**

正常情况下是依艾略特波浪的走势来看。我从非常基础的观点看艾略特波浪，但密切注意。多头市场往往上涨三个主波段，回跌两次。相反的，空头市场也有相同的情形。它们下跌三个波段，修正两次。当我们处在一段走势的第三波段时，便知道那是末期阶段，但不晓得它会延续多久。我靠艾略特波浪的折返告诉我应该使用哪种尾随停损点。正常情况下，我的停损点不会比最近的上涨波段折返幅度的40%左右还紧。我总是让市场至少折返38%。

换句话说，如果我做多糖，而且它涨到12美分后跌回11.40美分，然后涨到12.20美分，再跌到11.80美分，则在它创下新高之后，我们便处于第三波段。第一波段之后，我会使用60点以上的尾随停损点。回跌到11.90美分之后，只要降到11.90美分的跌幅不低于最近一波涨幅（也就是从11.40美分到12.20美分）的38%，我会使用40点设定新的尾随停损点。在以上的例子中，最近的跌幅是前一个上涨波段的50%，所以我会用它设定尾随停损点。

## 葛连·李恩

葛连·李恩是《期货趋势》新闻信的主编。

**葛连，你对放手让利润自行发展有什么样的看法？**

那有助于弥补迅速认赔。这和你做了一笔交易之后，如何管理它的计划有关系。你必须有一套管理部位的方法。我设法顺势操作。要是我抓到一个趋势性的走势，我必须有一套方法，使尽全力好好把握机会，以弥补所有的小亏损。

我常常接到市场里面的人打电话来，他们对如何着手毫无概念。我问

## 攻守四大战技

他们,打算如何管理操作:你有什么计划?他们说,根本没有计划。

重要的是要做好计划和准备。在你进入市场之前,便已赢得这场竞赛,不是靠任何特定的操作取胜,而是靠整体的方法。计划十分重要。绝大部分的人对于如何让利润自行发展毫无概念。他们做一笔大交易时,只是像狗追猫一样。抓到猫,根本不知道要拿它做什么。他们不知所措,迷失了自我。

教研讨会课程时,我会拿几年前操作育牛的情形当例子。买进之后,十分肯定这笔交易能够赚到 800 美元,但也有个计划,让市场带我出场,以及让利润自行发展。最后我净赚将近 3500 美元,而当初只期望获得 800 美元。如果我没尤如何管理它的计划,也许就会盲目地赚到 800 美元就跑。像那样大赚一笔的操作,可以冲抵多少赔钱的操作?

**你如何让利润自行发展?**

如果我操作的是有趋势的形态,也就是市场的高点愈来愈高、低点愈来愈高,或者高点愈来愈低、低点愈来愈低,那么大部分时候我会把停损点紧放在前一个回折低点之下,或紧放在前一个高点之上。

**你如何定义回折?**

必须持续三天或以上才有资格叫做。偶尔我们会见到一些市场走得太远,根本不给你。突然之间你的操作出现四或五支停板。我把它们叫做异常市场,并采取异常的方法以保护我的利润。在我为自己操作时,通常会减低部位大小。

如果你面对的市场真的呈现抛物线形,那么可能缩短到只有一天。市场跌了一两天,然后回升,再创新高。一旦市场呈现抛物线形,对我来说,那就叫回折。

我所做的主要事情是以尾随停损点追随低点和高点。这个程序很简单。如果想要的话,可以用移动平均线做到这件事。如果想保护一定百分率的本金,可以这么做。要是想用波动带,也可以那么做。

# 第四章 放手让利润自行发展

## 以金额设定尾随停损点

### 鲍伯·裘伯

鲍伯·裘伯是《明日商品》的主编。很少咨询服务像它那样不设热线。

**鲍伯，放手让利润自行发展有多重要？**

很重要，但不像你另外三个原则那么重要。如果你一年能够从两三个好走势中赚到钱，那是因为你放手让利润自行发展。

正如我在我们前面的讨论中提到的，操作一开始，我设定的是1000美元的资金管理停损点。我设法在它附近找个合乎逻辑的图形点。在我有了2000美元的利润之后，才会第一次想到移动停损点。利润达到3000美元时，我通常至少冒1,500美元的风险，到了4000美元，99%的时候，我会冒一半的风险。换句话说，我总是让一半的利润溜走之后才会放弃操作。我会把尾随停损点缩小到500美元的唯一时候，是季节性因素正对我不利，或者图形显示做头的迹象。

这时我20年的经验便派上用场。我对某些市场的信赖高于对其他一些市场的信赖。要是事情看起来开始出错，特别是如果花了几个月的时间才有2000美元的利润，我可能更积极地向上移动停损点。要是只花了几个星期，我不会想错过可能相当刺激的趋势。

达到预定利润的时间愈长，我愈有可能紧缩停损点，对利润做更多的保护。我一向让50%的利润暴露在风险之中。如果我赚了6000美元，我可能把停损点设在进场点以上3000美元的地方。我会让另外3000美元暴露在风险之中，好让我能够随着趋势到它要去的任何地方。如果你操作的是咖啡豆等经常涨跌10 000美元到15 000美元的商品，尤其应该这么做。如果桌上还有9000美元可拿，你不会在意那3000美元。

**在你计算一笔交易有多少未实现的利润时，你是使用最有利的极值，**

## 攻守四大战技

还是最有利的收盘价？

收盘价。

**你是使用收盘价停损点，还是一般停损点？**

一般停损点。

**假设你抓到一个大走势，已有 10 000 美元的利润，于是把停损点上移，以保护 5000 美元的利润。可是留在桌面未取的利润很多。如果市场看起来开始做头，你不会锁住那样的利润，对不对？**

要是我已经赚了 10 000 美元，而且一直期待最多得到 12 000 美元，我可能紧缩停损点，只拿 1000 美元冒险，因为我看到只能多得 2000 美元的潜在利润。

**因此，你设定尾随停损点的另一种方法，是重新评估风险报酬比率，并把你的尾随停损点上移，保护你认为所余报酬的一半？**

是的。我不会假装聪明，想要抓取头部。我只注意走势的中段。使用尾随停损点可以抓到一大段走势。我可能从来不曾抓到一段走势的 90%。要做到这件事，你必须很会抓取底部和头部。我甚至连想这么做的念头都没有。

**你不必抓取头部和底部，也能做得相当好，对不对？尤其是如果你属守纪律，放手让利润自行发展。**

如果你不是操作得太频繁，而且一年能够赚到两三笔大利润，同时限制所有的亏损到 1000 美元左右，几乎肯定会有个丰收年。

**进入正确的市场操作也带有一点运气的成分，不是吗？**

一点没有。有一天我发现自己置身于咖啡豆市场，却不各大道当初是怎么进入的，而且赚了约 7900 美元。

**那是有一定程度的运气，但随着时间的流逝，运气会消失。短期内（如一年）会有运气包含在里面。**

是的，如果你当初在趋势进行中买到咖啡豆合约，而且赚了 12 000 美元，你可能开始认为自己很棒。这么多年来，我晓得市场会教你懂得事情没有那么简单。

**关于放手让利润自行发展，你还有没有其他的看法？**

## 第四章 放手让利润自行发展

有些时候，我在赚钱的部位移动停损点时，会看前一周的低点，在它下面30点或40点处设定停损。我也总是试着在偶数数字以下的地方设定停损。关于这一点，如果我要在19.00以下设定停损，那我不会定在18.90，而是下调到18.80或18.75。我和营业厅交易员谈过，他们说，放在18.90的停损点太多，以至于市场跌到19.00以下时，至少会掉到18.90，才会触及这些停损点。我总是设法避开大部分人会下停损点的明显地方。这表示我通常会拉开20档的距离或者放在偶数数字之下。这个做法用在赚钱部位的尾随停损点，不用在起始停损点，因为在起始停损点，我比较关心的是抑制亏损。

# 利润目标

### 彼得·布朗特

彼得·布朗特是老经验的专业交易人，也是《因素》新闻言的主编。他专精于操作古典的图形形态。

**彼得，你对放手让利润自行发展的原则，有什么样的看法？**

我所做的每笔交易都有预设的利润目标，到那时候，最有可能轧平部位。从这个观点来看，我并不相信放手让利润自行发展是可行的做法。这件事和你如何定义遣词用字有关。放手让利润自行发展是指一个人心里没有获利目标，而是靠移动停损点的某种机制，任意令市场持续波动，直到市场转向，对部位不利。所以我不放手让利润自行发展。

我做一笔交易时，会有个预定的停损点和一个预设的目标。如果市场到达那个目标，大多时候我会轧平部位。

我不相信用固定的金额自动调整尾随停损点是可行的做法。随着一笔交易往前发展，迈向我的目标，我会留着起始保护停损点不动。最后这会导致我的风险报酬关系失衡。在市场接近我的利润目标时，我的额外潜在利润愈来愈小，但如市场折返我的停损点，亏损会愈来愈大。多年来，这

## 攻守四大战技

件事一直叫人担惊受怕。

**你的保护停损点离得很远，利润目标则相当接近？**

是的，突然之间，市场到了距我想出场 200 美元远的地方，但我的停损点仍在 1400 美元以外的地方。那是我的操作问题所在。如果我对某笔交易开始很感不安，便会去看图形，寻找往上移动停损点的藉口。

**所以你有时会用到尾随停损点？**

对，但我不喜欢根据一定的金额来做。我宁可使用图形点，例如最近的小折回。

**你并没有一种自动的方法做这件事。你用到个人的判断？**

没错。

**你的目标点是图形形态目标？**

对。它们是图形上的量数。我写的《以古典图形形态操作商品期货》一书中，说明了如何决定图形形态目标。

**目标到达便获利了结，将无法好好掌握大走势。许多成功的交易人说，抓住大走势才能赚到大钱。你的图形形态目标距离通常不远。关于这件事，你怎么说？**

我有两个答案。第一，如果你是根据周线图或月线图设定目标，就能定某些重大的目标。比方说，棉花最近每口合约大涨了 6000 美元，这可不是小利润。

**如果日线图、周线图、月线图都有某种形态，你如何决定要用哪一种图形的目标？**

如果有明显的月线图或周线图形态，我会用它们。上一个问题的第二个答案是，虽然用我的方法可能没办法获得 10 000 美元的利润，但也不会承受 2000 美元的损失。这就是需要权衡取舍的地方。

# 第四章　放手让利润自行发展

## 多管齐下

### 汤姆·艾斯普雷

汤姆·艾斯普雷是货币操作专家。

**汤姆，你如何放手让利润自行发展？**

我只在趋势性市场用到这个原则。当我见到趋势性定势的强烈迹象时，往往会在停损点给自己很大的空间。我显然也会监视技术面。你不能做了一笔交易之后，就把它忘得一干二净。我每天都会监视每一笔交易。

举例来说，如果你以两个月为基础，ADX 和 ADXR 为 20，之后上升到 35 以上，而且在 35 以上涨得相当快，通常这就是趋势性的走势。我们应会见到 ADX 和 ADXR 涨到 50 之上。这种情况下，如果你见到一两天的回档，往往是加码操作的好机会。停损点的位置可能远得叫人不安，但经验显示这时你可以放手让利润自行发展。

**假设你还没见到趋势性走势，这时你会在目标到达时获利了结吗？**

如果日线分析属正面，但周线分析并非正面，我当然会在目标到达时获利了结。只有在周线分析显示重大的变动正在进行或已经进行，我才会留在场内不动。

**我想你的意思是说周线指标必须看起来不错，你才会建立部位。**

这时我找的是趋势性部位。一般情况下，我会根据短线分析，先建立正常部位大小的 1/4 或 1/5。如果周线分析没有往非常重大的方向发展，我会在目标到达时，把短线部位获利了结。

**你如何决定你的短线操作目标？**

我使用费波纳奇折返水准以及点数法设定目标。除了价格目标，我通常会有尾随停损点，因此在部位建立后的一两天内，我的停损点可能在损益两平或更高的地方。

### 菲丽丝·卡恩

菲丽丝·卡恩是纯甘氏交易人。

**菲丽丝，你的方法中，放手让利润自行发展占有多大的份量？**

以我的操作方法来看，放手让利润自行发展是件好事。

**你喜欢尾随停损点甚于价格目标？**

是的。

**你是不是曾经使用价格目标？**

喔，有的。

**什么时候？**

我利用甘氏方法产生目标。假设你在预计的反转低点进场，而且市场涨了三四天，高低价差大，成交量高。现在你真的抓到了底部。我事先做好的一件事，是计算周线图或月线图上最近重要高点和低点的差价。我的第一个目标会是那个差价折返 1/3 处。我会在折返 1/3 的地方获利了结。操作标准普尔指数等市场时，要是你抓到了 6 个月的大低点，就会在四五天内看到折返 1/3。

**这表示你只放手让利润回到 1/3 折返处，然后就获利了结。**

在那种情形下，是那样没错。我会期待反转发生，建立再进场点。

**在什么情况下，你会紧守部位超过 1/3 的折返处？**

我记得当年标准普尔指数从 1990 年 10 月的谷底翻扬的情形。那笔交易的金额很大。涨势一直没有回头，直线上扬，涨到前所未见的水准。我持有那个部位将近一个月之久，涨了约 7000 点。那是从很大的底部翻扬后不常见的涨势。

**在 1/3 折返处获利了结，是不是靠判断？**

要看市场的走势和靠判断。当你面对垂直上升的市场，你可以把尾随停损点放在两三天前的低点之下，而且绝不会触及停损点出场。用简单的尾随停损方法就可以办到。你不必靠判断，只要坐着等就可以。有时市场会给你那样一大笔钱。

当你获有厚利时，不要用两天前的停损点，而是把停损点放在前一周

## 第四章 放手让利润自行发展

的低点之下，好让你延展停损点。但永远要记得放停损点。你能分辨垂直市场和横向市场的不同。

**在垂直市场中，你放手不管？**

我试着那么做。正常情况中，你确实会在1/3折返处看到某种回折，连标准普尔指数也是这样。但偶尔你会碰到这种垂直波动，而且能够察觉其中的差别。

**放手让利润自行发展，你的主要工具是把相当紧的尾随停损点，放在某一个前低点之下，或某一个前高点之上？**

是的，而且永远放在市场中。它是个开放式的停损点。我不认为应该每天调整停损点。绝不这么做。

### 史提夫·布里斯

史提夫·布里斯是《商品期货市场多头评估》新闻信的主编。

**史提夫，你如何放手让利润自行发展？**

每笔交易应该都有个价格目标。你根据所操作趋势的长度来设定那个目标。你可以使用所操作趋势一半长度的摆荡指标。如果做多操作呈现买超（或放空操作呈现卖超），你会想轧平一部分的部位。要是你只操作一口合约，我建议用不同的程序，但可望在价格目标实现部位的部分利润。

由于理论上一个人永远没办法抓头部抓得很好，所以你会希望一部分的交易继续趋势而行。一般来说，每个趋势都会经历投机性的喷出行情。你会想要好好掌握。想实现这个愿望，可以在达成价格目标时，利用尾随停损点。到了那一点，把你的尾随停损点放在很靠近目前价格以下的地方，并尾随目前的价格移动，直到停损出场为止。个中关键在于绝不要把停损点移离目前的价格。你必须不断移动它，使它愈来愈接近目前的价格，以便在趋势接近尾声的某个地方停损出场。

一旦到达你的价格目标，停损点务必设在一个停板的范围内，这样才不会在市场反转的同一天来不及出场。你不会希望套牢在里面。

**因此你的最低尾随停损点低于一个停板。你总是每天移动停损点，以便恪守那个准则？**

## 攻守四大战技

是的。你所能犯的最大错误是因为市场走势开始对你有利，就根据较长期的趋势设定停损点。换句话说，不要因为市场走势开始对你有利，就把利润目标改得远比你原先预期的要高。你必须在原定的价格目标实现部分获利，并且开始使用尾随停损点。

如果市场以爆炸性的走势对你有利，那么当它反转时，也会有同样爆炸性的走势。要是你把停损点放得很宽，一般来说，你心里所想可以放到银行里的利润都将消失。

**所以你愿意放弃全垒打式的巨大操作？**

不，我不会放弃的。如果你操作的是短期趋势，就应该有个再进场点，以便在走势结束之前，触及停损出场后还能再进场。至于较长期的趋势，应该有多个进场点。对操作一口合约的交易人来说，也是如此。

**如果有两口合约，你会不会一开始就认定第二口合约是较长期的操作，而使用不同的目标和尾随停损点？**

对大部分人来说，操作多重部位是很难的一件事。有些人做得很好。有些人能够围着部位操作。这么做不错。

**"围着部位操作"是什么意思？**

换句话说，你有个长期的核心部位，加上额外的合约，可以短线操作。我晓得有一些人，在1992年8月我的新闻信发出大买讯号时，在谷物市场做多。他们现在（1994）还是做多。他们持有一些远期合约，并且不断展延。但是他们的某些部位已经逢高获利了结。他们实现了部分获利，并趁低再买进。所以围著部位操作是指你有个核心的长期部位，然后在较短的周期内操作。这是合理的操作方式。你操作的是两个不同的趋势。你可以把它们分开来。

**你能不能操作两口合约，而且两者从日线图建立的起始部位都有相同的停损点，接着如果这笔交易赚到钱，便使用第一口合约日线图的目标，以及第二口合约周线图的目标？**

绝对可以这么做。我把这看做是操作两个不同的趋势。我宁可用两种不同的进场和停损计算方法看待它们。有些时候，你会碰巧买进两口合约，都在较短的趋势中操作。这时你会发现，不只短期的趋势会改变，主

## 第四章　放手让利润自行发展

趋势也会反转。这时你可以把一口合约改为长线操作。

## 杰克·伯恩斯坦

杰克·伯恩斯坦写了27本谈操作方面的书，而且每周发行MBH市场新闻信已有20余年的历史。

**杰克，放手让利润自行发展对你来说有多重要？**

在你的四个原则中，就属它最重要。但我要指出，它们每一个都最重要。我敢说，要是我没有什么合理的理由，每次都太早实现一美元的利润就没办法赚到很多钱。

回顾我开始操作以来，我们所面对的一些难以置信的上下起伏趋势，可以看出如果不放手让利润自行发展，从这些走势赚到的钱会多么少。

前提是我应该有一种客观的方法去持有那些部位。但是方法有很多，人们真正应该着力的地方在这里。

要是市场大部分时候真的没有趋势可言，那么大部分系统在这些没有趋势的市场中将赔钱。在你好不容易持有一个好部位时，为什么要那么快就放它走？

从心理观点来说，克服上述问题的一种方法是建立多口合约的部位。这么一来，你身上某一部分说："我需要把赚到的一些钱存进银行。我必须把一些钱放到口袋。我想要摸摸那绿花花的钞票，从而知道自己操作得很不错。"如果你需要这样的回馈，那么只轧平一部分的部位，好让你能够继续乘着趋势前行。

**你用什么方法放手让利润自行发展？**

除了忘掉你拥有一个部位，找不到完美的方法放手让利润自行发展。我记得操作生涯的早期，曾有一段难忘的经验。

我买了一些黄金，并迅速实现几口合约的利润，却忘了还有两口合约没有卖掉。约8个月后，营业员打电话来，问我要不要轧平部位，因为马上就要交货了。真是不可思议。黄金市场每口合约涨了约15 000美元，而我还不晓得自己手上有黄金。

营业员告诉我："我从没看过有人一笔交易赚到那么多钱，并持有部

## 攻守四大战技

位那么长的时间，除了亏损套牢之外。你是怎么做到的？"

我说："当我初学操作的时候，期货交易所有位老先生告诉我，如果你真的想赚钱，而且认为趋势将上扬，那么就买进，丢到一边，忘掉它。我就是这么做的。"

**除了丧失记忆，你喜欢用什么方法处理赚钱的操作？**

前面谈到顺势操作时，我所提的通道进场法是很简单的方法。如果你抓到一个好趋势，它会让你一直站在市场正确的一边。

那个指标包含一个移动平均线通道，由十支高价移动平均长条图和八支低价移动平均长条图构成。如果你有连续二支价格长条图完全在移动平均线高点之上，那么趋势便已转趋上扬。在连续二支价格长条图完全低于移动平均线低点之前，趋势仍为上扬，接下来趋势便告下跌。你必须留着赚钱的操作，直到这个指标反转。

**大部分人最后都使用某种尾随停损点策略，让利润自行发展。你对这件事有什么看法？**

我不是很清楚，但我记得某人在某个时候曾用统计数字指出，传统的尾随停损点形式行不通。要是你使用很紧的尾随停损点市场会找上门来。

你必须给市场够大的转圈空间。我曾在市场走向对我有利时，没有太快上下调整停损点，而赚到最大一笔利润。市场需要很大的空间，而且现在需要的空间可能大于以往，因为大型基金和投资组合造成波动加剧。使用尾随停损点很好，但不要放得太紧。

**所以你把尾随停损点放得相当宽松，并期望你的系统在市场触及你的停损点之前，于趋势反转之际带你出场。**

一点没错。另一个策略是改变时间构架。我的意思便是这个样子。假设使用每日资料的系统发出讯号，要你进场操作。又假设市场往对你有利的方向大幅波动。这一来，你可以改变时间构架为较短期的时间构架，如分时资料。再下来则根据分时资料发出的讯号出场。

我想你接下来会讲反转的情形，不过这里我们所谈的是放手让利润自行发展。我想，你会说，观察每日的价格发出的讯号，一旦有了利润，就要转为看每周的价格以便出场。可是你说的恰好相反——看分时资料。如

## 第四章 放手让利润自行发展

此怎能让利润自行发展？这会使你更快出场，不是吗？

这话是对那些拥有很多利润，感到焦虑不安，不晓得尾随停损点应该怎么放的人讲的。他们想要放个很紧的停损点，却不想使用图形点，因为他们晓得那可能行不通。他们可以转为观察盘中走势图，并根据分时走势图运作他们的系统。

另一个我觉得很有用的方法是在操作的另一边买个选择权。那会花你一点保险金，却可求得保护。

**你是买卖权还是买权做为保险？**

要是你大量做多，而且市场涨了不少，你可以实现部分利润，投资购买卖权。它们到期时可能一文不值，但能给你若干保障，以防市场反转。

**所以你不会过早出场。**

对。这里有另一个重要的哲学层面。大部分操作系统的准确率都在40%到50%之间。我们晓得市场的随机成分至少占价格波动的40%到60%。因此注意每一档的跳动或认为每一档或每一个图形排列都具有意义是不合逻辑的。它们并非如此。

太多交易人从过于严谨的分析观点看市场。市场中发生的大部分事情都没有意义。为什么要试着去解释每一个小波动、每一个小反转、每一个小跳动？

由于想要做太多事情，他们实际上过于注意市场。他们恪守一基督的工作伦理："如果你是好孩子，工作勤奋、付出很多心力，就会赚很多钱。"我不认为用在操作上是这个样子。到了某一点，报酬会递减。你必须和市场保持一段距离。只有这样，你才有心理资源让利润自行发展。你不会看着每一档的跳动，心惊胆颤地加以解释。

攻守四大战技

# 放手让利润自行发展不重要

### 史丹·塔穆雷维奇

史丹·塔穆雷维奇是非常短线的交易人和《市场热线更新》的主编。

**史丹，由于你非常短线的操作风格，我想，这和顺势操作一样，你也不认为放手让利润自行发展有太大的重要性。**

是的，我真的不那么认为。我试着不做当日冲销交易，也就是说，我主要是找两三天的操作机会。如果你要说那是放手让利润自行发展，那么对我来说，我是在两三天内放手让利润自行发展。

**如果两天内的走势对你有利，你会放心实现获利，继续做下一笔交易？**

没错。我的基本原则是，如果头两天内，你对某个部位的感觉真的很好，那么那是实现获利的好讯号。若非如此，它通常会走反方向，让你挂虑不已。

**你最长的操作可能做多少天？它会持续多久？**

就我最近的十九笔交易来说，最长的一笔维持了十一个历日。说来讽刺，这个部位不赔不赚。市场根本不想动，因此我在它后面四处调整停损点。我一直找不到实现获利的机会，最后触及停损点出场。

**那是哪个市场？**

那是燕麦，交投非常热络的市场。我以为能在最佳的情况下，保有某个部位两三个星期之久。

### 科雷格·索尔柏格

科雷格·索尔柏格是《操作风》的主编，也是单纯的气象交易人。

**科雷格，作为气象交易人，你如何放手让利润自行发展？**

如果你正顺势操作，绝对应该放手让利润自行发展。只要气象预测对

## 第四章　放手让利润自行发展

我有利,我便试着这么做。比方说,假设我们根据气候干燥,在黄豆或玉米市场获利甚丰,每口合约赚了几千美元,而且气象预测仍然干燥和非常炎热。当然了,只要气象预测仍然对我们有利,我们会放手让利润自行发展。

一旦气象预测改变,我们就不只是把停损点上移以保护利润。我们会立即以市价获利了结。我们晓得,在那个时候的那个市场,气象是唯一的驱动因素。如果气象即将改变,我们势必停损出场,那么我们可能放手实现获利。总之,只在气象预测对我有利时,我才会放手让利润自行发展。

**这听起来不像别人放手让利润自行发展的做法。不管图形看起来如何,或者市场已经走了多远,你都只跟着气象预测起舞。**

要是你不晓得气象预测,你真的不必在那种气象市场操作。

**这么多年来,你是否曾经多次错失大走势,因为你因气象预测而太快出场,然后没再进场?**

我要斩钉截铁地说,情况并非如此。假设我们见到某个气象预测将对市场造成直接的冲击,于是在那个市场建立部位,然后停损出场。要是市场因为那个气象预测真的反转,走势对我们有利,那么只要气象预测保持原状,并对市场有相同的冲击,我们会马上重新进场。市场反转时,我们可能错失某些走势,但如我们相信预测造成的冲击还没有完全为市场吸收消化,我们会马上重新进场。

但愿这些专家已经激发一些想法供你保护利润时参考。下一章,我们要探讨管理风险的观念。这个要素可能是操作成功的原则中,最不为人了解的一点。

# 第五章 管理风险

以前的商品操作文献通常把本章讨论的主题称做资金管理，但我认为风险管理一词比较能够精确地描述这些概念。

大部分专业人士一致同意新手和业余交易人花太多时间研究进场技巧，觉得它们对操作成功十分重要。他们认为，赢家和输家的区别在于风险管理。由于市场走势很难预测，所以采用适当的风险管理技巧对获利的影响，远高于寻找更好的新方法以研判市场下一个头部或底部。

一般人普遍误解期货操作的风险性。事实上操作的风险极高。虽然你没办法控制每一笔交易的风险到很细微的地步，但轻而易举就能确定一年内的整体风险水准。控制你的操作，就能限制风险为几百、几千、几万、几十万或几百万美元。问题是你能控制你自己吗？

控制风险最重要的方法是利用起始保护停损点。第三章已谈过如何下保护停损点。控制风险的其他方法包括不要在某些市场操作、不要在某些危险的时期操作、限制任何时候操作的市场和合约数以及使用不同的方法分散投资不同的市场。我们来看看专家如何运用这些观念。

## 尼克·范尼斯

尼克·范尼斯是商品趋势服务公司各种系统和热线的主编。他强调长线操作。

## 攻守四大战技

**尼克，你如何管理风险？**

我用相当简单的方法管理风险，所用准则有二。其一是任何个别的操作所冒风险绝不高于账户本金的 2%。其二是利用月资金管理停损点。那是对你自己和你的系统所下的停损点。如果到任何一个星期五收盘时，一个月内你赔了账户本金的 10% 以上，那么就关闭你的系统直到下个月再说。

**你设法抑制一个月的亏损不超过 10%？**

对。

**如果你为了等候下个月的第一天开始，好再次操作，而错失任何进场讯号，那情况会很糟。**

一点没错。月停损准则最适合商品操作顾问或必须保持和保护过去纪录的人。对于想要控制本金曲线的人也有好处。

**如果你一个月赔了 10%，你会不会把所有未轧平的部位也轧平？**

会。我会轧平所有未轧平的部位，完全停止操作，直到下个月为止。之后再开始接受新的讯号。

不管你是机械式交易人，还是自行判断的交易人，它都有两个用处。它在你的系统或主观方法与市场节拍不合时，冷静地坐下来缩手不动。它让每样东西有冷却的机会。让时间流逝一些，市场稍微改变之后也许你的方法又会管用。

**其他管理风险的方式又如何，例如选择所操作的市场？**

做好分散投资是很重要的一件事。从几个商品期货部门各选一个市场，有助于控制本金曲线的波动。另一种说法是选几个市场操作，而这些市场最好来自不同的部门。

一种做法如下所述。在外汇市场，只操作德国马克。在利率市场，操作一种短期工具，如美元以及一种较长期的工具，如中期公债。至于能源，你可能会选择原油。接着在金属里面挑选一个市场，以下依此类推。我的做法是回头检定所有市场的历史资料，然后从每个部门选出表现最好的市场。以那种方法建立投资组合和只操作一种部门比起来，本金会稳定得多。

**如果你的账户有 25 000 美元，要怎么决定你能操作多少个市场？**

我们的"趋势创造者"系统有个经验法则。我们建议你的总起始保证

## 第五章　管理风险

金要求不超过账户金额的 20%。

**因此对 25 000 美元的账户来说，操作时你不会希望保证金超过 5000 美元？你不会当真吧？**

是真的。

**只有 5000 美元，你能操作多少市场？**

对小额账户来说，你应该操作中美国市场。这一阵子，我们在那个市场操作很多。汇率和利率对小额账户构成最大的问题。说真的，我不认为账户只有 25 000 美元的人能够操作一口完整的长期公债或一口完整的外汇合约，因为风险太大了。

美国市场的德国马克流动性很好。不管进或出，你都能操作一口完整的合约。中美国市场的长期公债也是如此。

即使小额账户也能操作一口完整的欧洲美元合约。它们的波动没有那么大。黄金也是一样。你最好操作一口完整的黄金合约。我们混合操作几种中美国市场，就一定的保证金金额取得更大的分散投资效果。

**保证金规定改变的时候，你如何因应？你是否一直监视保证金，并调整你的账户？**

不。你可以从约 20% 的起始保证金做起。这么一来，你已经有了一点缓冲。要是保证金规定稍微改变不必理它。这事没有那么严格。只要你介于账户本金的 15% 到 30%，情况就相当良好。

**个别高风险的事件，如收成报告和气候严寒，你会怎么处理？你会注意这些事情吗？**

不会。我喜欢做的事情，是在获利潜力提高时，把商品加到投资组合内。

**获利潜力何时会提高？**

拿谷物来说，我会注意季节性。我会在春季谷物收成之前不久，把玉米或黄豆加到投资组合中。我晓得市场的波动性可能上升。我不知道市场会涨或跌，但从 4 月左右一直到收成，黄豆市场波动性上升的机率很高。我根据季节因素策略性地挑选市场。秋末时可以把取暖油加到投资组合。我也可能在严冬之前不久加进橙汁，初春加进咖啡豆。

## 攻守四大战技

**所以你寻找的其实是人们可能认为风险增加的市场。**

对。

**你会从空头面操作它们吗？比方说，你会不会在严冬从空头面操作橙汁，或者你只会在那时建立多头部位？**

我们只接受多头讯号。哪里的获利潜力最大，我们就往哪里操作。你得运用一些判断力，但一般来说，哪里可能有波动，我们就往哪里操作。

## 科林·亚历山大

科林·亚历山大是《泉源期货新闻信》的主编。

**科林，管理风险有多重要？**

许多人认为这是所有的操作原则里面最重要的一个。我要说，它和操作选择的重要性大致相当，但操作选择略微重要些。如果要争辩的话，假设你每笔交易都拿5%的操作本金去做，而且不管操作选择那件事，那么连赔二十次之后，你将一无所有。

我强烈相信，从最后的分析来看，选择操作的市场比资金管理重要。由此引申出，你务必要用相当大的部位，好好掌握走势对你有利的市场。如果你屡进屡出，就不可能经常赚到钱，除非你准备投入1/3的操作本金到真正动起来的市场。1993年夏黄豆崩跌、1993年铜价大跌，以及1994年财政部公债和欧洲美元重挫，是其中一些例子。

**这表示你使用某种金字塔型加码操作法？**

是的。我的做法是先建立一个小部位。接着，如果情况良好，我会加码操作，直到完全投入。所谓完全投入，可能是指多达操作本金的1/3。

**你认为这是管理风险的一环？**

对。依我之见，管理风险和管理资金等于在潜在报酬和潜在亏损之间有所权衡取舍。如果获利潜力很大，你必须在操作时适切地反映。

**除了限制亏损为操作本金的5%，你是否还运用到其他的风险管理技巧？选择市场作为管理风险的方法，你觉得如何？**

除了原木，我愿意操作几乎每一种受欢迎的市场。我希望有充分的流动性。

# 第五章　管理风险

**什么叫做足够的流动性？**

我希望见到未轧平总部位至少 5000 口，但原木不会有这种现象。我希望能够怀抱某种信心，在自己错了之后，能够退出市场，即使承担一定的成本也在所不惜。股价指数的一个好处是总有一个价格让你出场。

**收成报告呢？你是不是会注意这些东西？**

我倾向于避免在重大报告发表时持有部位，除非我有利润缓冲或者除非技术面很强。举例来说，我刚轧平一个活牛空头部位，因为我不想持有它直到"七州牛只养育报告"发表之后。我也退出一个猪腩空头部位，因为我下想放空直到猪只养殖季报发表之后。

**你觉得分散投资的做法如何？你是否有想过这件事？**

就一般准则来说，我不喜欢见到约 1/3 以上的操作本金投入交易所的某一区，除非某种情况很明显。我不喜欢只为了分散投资就建立某个部位。

## 凯利·安格尔

凯利·安格尔多年来发行一份新闻信，目前专职管理资金。

**凯利，你如何管理风险？**

我记得在操作生涯的早期，读过一本书，建议单笔交易所冒风险不要超过本金的 10%。那是甘氏写的一本书。根据我的研究和经验，我觉得你不应该每笔交易冒几个百分点的风险，目的是为了追求三位数的年报酬。当然了，你的账户金额愈少，能够拿去冒险的金额愈低。

我现在使用 400 美元停损的理由之一，是因为它对金额较少的账户开启了机会之门。我所测试的数字显示，我能够每笔交易使用低于 1% 的本金风险，在个位数最糟的赔损率下产生 50% 以上的年报酬。交易人不应该低估小幅调整风险，能对潜在操作绩效的风险报酬比率产生很大的影响。

**因此你管理风险的主要方法，是观察每笔交易冒险的本金百分率。**

它绝不能超过某个特定的门槛。当你使用固定金额的停损点，则随着你的账户金额因为获利而增加，你所用的相对杠杆会不断下降。

**而那正是你想要的？**

## 攻守四大战技

那是很美妙的一件事，因为那表示你吐回利润的可能性减低。

**你愿意冒险的百分率会不会随着账户金额而变动？**

那正是账户金额的函数。

**如果你的账户金额是 25 000 美元，你可能愿意冒 2% 的风险。可是当你的账户金额是 50 000 美元时，你可能只愿意冒 1% 的风险。你的意思是不是这个样子？**

我把我们的投资组合设计得它们的账户金额较低，但潜在报酬率较高，可是赔损率也会比较高。

**那是因为报酬率和赔损率之间总是存在相关性？**

不。我以前是那样想，但后来发现那是不正确的说法。

**错在哪里？**

在某一个限度内那是对的。但两者之间不一定有直接的关系。提高报酬而不等比例增加赔损的关键在于相对杠杆。

相对杠杆意指每笔交易你冒了多大的风险。如果我的相对杠杆假设是 20%，那么我应该有很好的机会创造高于 100% 的年报酬率。我的潜在赔损率将介于本金的 15% 到 20% 之间，有时可能高达 30%。如果我的相对杠杆降到 1°%，并有限度增加分散投资，我可以降低潜在赔损，但不影响获利上限。

**你希望获取什么样的数字？**

在今天的市场环境中，账户金额为 100 000 美元的大部分人，如能得到 20% 的报酬率和低于 5% 的赔损率，会很高兴。他们会为此眉开眼笑。

**如果你有 100 000 美元的账户，那么你一笔交易冒险的金额会是总本金的多少百分率？**

我在操作单一合约的部位时，还是会用 400 美元的停损点。那等于本金的 0.4%。

**即使账户金额变大，你还是喜欢很小的停损点？**

是的。如果有人想要 50% 的报酬率，那么我们可以拿 50 000 美元的账户操作五个市场，并利用两倍的杠杆 0.8%。

但是账户金额如为 100 000 美元，你可能操作十个不同的市场，并利

## 第五章　管理风险

用较低的杠杆。

没错。过去十年来和数千位交易人谈过之后，我对于一般的风险承受状况做成了一些结论。账户金额在 100 000 美元到 500 000 美元间的大部分人，优先要务和账户金额较低的交易人不同。他们优先重视自己能赔掉多少钱，因为他们希望把钱留在身边。账户金额在 25 000 美元或 50 000 美元的人，比较重视能赚多少钱。

你所用的进场方法是等候低波动性出现，而容许错失若干走势，你说那是一种风险管理技巧吗？

我是这么认为。

分散投资等其他风险管理观念，你觉得如何？

我从没见过小额本金以广泛分散投资的策略，能够产生很高的报酬率。账户本金低于 100 000 美元时，广泛分散投资的策略其实会增加风险。

为什么？

因为有我所说的机会成本。机会成本这种东西，没人想到或谈过，但它是实际的操作成本。每次你做一笔交易都会承受风险。太多不同的机会会毁掉一个账户，特别是小额账户。

家父操作黄金赚了一亿美元，是根据一个操作构想。乔治·索罗斯是我所知今天世界上唯一以那个相同的方法操作 120 亿美元的人。那是为什么他做得那么好的原因。他专心于操作一大笔钱，也因此得到优厚的报酬。大部分人没有胆量做那种事。到了他们拥有 120 亿美元时，心里所想的只是抱牢那笔钱。

你的意思是说，你操作的市场愈多，就必须结清更多的边际操作，才能在其他的市场操作？

对。人们喜欢分散投资的观念，因为这样似乎可以降低风险。但是它却会阻碍小额账户操作成功。撑太多蒿到水里，会使一艘小船翻覆。

如果你采取减少分散投资的策略，那是否表示你一次只操作少数几个市场，但会观察全部的可能性？或者你一开始就自限于少数几个市场，而且只操作这些市场？

我一开始的想法是，每 10 000 美元的账户本金要操作一个市场。我会

## 攻守四大战技

避免在同方向波动的姊妹市场操作。小额账户很难解决那个问题。你没办法操作三种货币，却希望抑制风险。因此你必须精挑细选。任一时候，某种货币的表现可能优于其他货币。

测试要在哪个市场操作时和你测试进出场的准则一样，承受相同的过度最适化风险。我设计了整个"丰饶之角"系统之后才做测试。要是你第一次测试时，某个观念行得通，这是防范过度最适化的最好情况。我根据历史波动性、流动性和成交量，预先决定每 10 000 美元的账户本金在哪个市场操作才有意义。

**因此你是就一定的账户限制自己于特定的市场，而且只在那些市场操作。你不看全貌，也不会每天决定下一次要操作哪个不同的市场。**

对。有三个部门永远存在于投资组合中。它们是债券、货币和股价指数（小额账户适合操作的 NYFE）。在账户金额高于 30 000 美元之前，我不采用弹性的投资组合。然后我从交投最热络的市场中，根据演变中的情况，加进两个市场。接着我在那之上再加两个市场。

**但是小额账户会动弹不得。要是你所选的两个市场没有趋势，那么运气就太背了。**

我等市场走势对我有利再说。从 1980 年我开始操作以来，不曾见过有段期间，利率和货币不在我的波动性指数的上层。所以我知道那些市场会波动。如果整个状况改变，我想，我会回头重新评估。

**避开收成报告和严冬等其他风险管理的观念，你的看法如何？你是否注意那些事情，或者只看某个市场是否值得操作便去操作，如此而已？**

我已经剔除了所有那些东西，甚至于不再烦恼晚盘市场。我不操作 Globex，因为我没有用那种方式测试我的系统。我操作的方式和测试的方式完全一样。

**即使不是全部，但大部分的系统交易人都忽视晚盘市场。**

大型经理人不会这么做。他们整个晚上都在那里做系统操作。你可以看到市场的波动。只操作日盘市场，不过选了 24 小时市场中的七个小时。这就好像 66% 的时间里，把你的卫星天线拆掉。当你想到大型经理人在 24 小时的操作台上拿现金去操作，你会不寒而栗，因为你可能错过某些东西

## 第五章　管理风险

或者暴露在某些风险中而不自知。

你有面对开盘跳空的风险,但也避开了晚间不必要的停损出场。这弥补了面对开盘跳空的潜在风险而有余。

**我同意你的看法。**

### 罗素·华森道夫

罗素·华森道夫是营业员、资金经理人以及《期货因素》的主编。

**罗素,谈谈如何管理风险。**

管理风险是极为重要的一件事,但也是个束手缚脚的因素,和期货市场可能不是完全相同。我的意思是说,管理风险具有主观的特质。举个例子来说,我在谷物市场的典型部位(原始的进场部位)通常是10万英斗。就我的资金来说,这样的风险相当令人放心,但对其他某些人而言,风险可能太高了。所以管理风险是种主观的因素。

对新进交易人或资金不是很雄厚的交易人而言,管理风险可能束手缚脚。市场确实有其风险。你必须认识这种风险性,而要能安心地管理某些风险,唯一的方法是拥有相当充裕的资金。

话虽如此,我还是接受管理风险的重要性,在市场中务必随时设有停损点,而且一丝不苟地恪守我的系统毫不违背。管理风险也表示你不能太早获利了结,因为太早获利了结会失去机会,而这也是个风险因素。你最好是靠分散部位来管理风险,而不是试着过度保护个别的部位。

**如果你需要相当多的资金以承受期货交易的内在风险,那么一开始操作时最低应有多少金额?**

我在1980年做了一个很有趣的研究。当时康提商品公司聘我当顾问,过去研究他们公司内部的账户绩效。我们研究了起始账户金额,并了解那些人操作一年之后是否赚到钱。

我把起始账户金额分成5000美元、10 000美元、25 000美元、50 000美元和100 000美元几类。起始账户金额如为5,000美元,一年之后,95%的顾客赔了钱。随着投资资金增加,赔钱的百分率下降。起始投资为50 000美元时,一年后赚钱的机率是50%。到了100 000美元机率转为对

## 攻守四大战技

投资人有利。我的结论是，那些数字显示账户没有至少 100,000 美元，你不应该操作期货市场。

**你是否觉得个人的老练程度，不只是账户金额的多寡和操作成功有关系？你是否试着把它区隔开来？**

我们没办法确定老练的程度。现在的交易人比 1980 年老练，但我不认为在那之后百分率改变了很多。

**真是不幸的概念。这对钱不多的人可是含意深远。**

确实如此。这也适用于专业资金经理人。我手头有一个资料库，里面有约 660 位商品操作顾问的资料。接受账户金额低于 100 000 美元的 CTAs，平均表现比要求 100 000 美元以上的 CTAs 差。

**管理风险时，你是否想过收成报告和气候严寒等因素？或者你认为它们是市场风险的一部分，不管它们只管操作？**

我坚信市场本身已把所有的因素反映在价格上。期货交易是种零和游戏。每一笔交易都有一位买方和一位卖方。唯一会使价格动起来的事情，是买方和卖方的积极性。新闻在市场有很大的影响力。观察价格等于观察参与市场的每一个人的集体意见。

**如果你在严冬季节放空橙汁市场，等于暴露自己在一连串的停板波动中，可能破坏你的风险控制计划。你会说，如果账户中有够多的钱，涨跌停其实不构成问题？**

在今天的市场中，涨跌停几乎不必考虑。观察过去五年的价格波动形态，你会发现除了牲畜市场，涨跌停波动其实不显著。涨跌停往往因为涨跌停板重新设定而被夸大。如果你关心黄豆 30 美分的涨跌停限制，明天那个限制会变成 40 美分或 60 美分或者根本不存在。因此你的资金将是最重要的保障。

## 比尔·盖里

比尔·盖里是商品资讯系统公司《价格认知》新闻信的主编。

**比尔，管理风险对操作成功有多重要？**

我要说它相当重要。举个例子来说明。大部分人都是一次操作一个以上的市场，因此从整体的账户观点来看暴险情形十分要紧。根据你所有的

## 第五章　管理风险

部位去评估你的停损点。其实我每天用电脑跑这件事，好知道我真正的总暴险程度。暴险程度很高时，我所有的交易从来不止一次全部停损出场，但总是有那种可能性。因此最大的暴险程度绝不应高于总资金的一半。

**只要不超过一半，你是否会乐意添增新的部位？**

会的。

**如果你也有一些获利的部位，你会把它们当做贷项，从你的风险中扣除？**

对。

**你计算所有部位的风险设定停损点，然后计算总净风险？**

是的。我们看前一天市场在哪里收盘以及今天早上我们的停损点在哪里。我们计算所有部位的净额，然后加到我们前一天的本金中。

**如果你的风险太大，你会怎么做？**

我设法把风险降低。我会观察已有的部位，有没有可以轧平的，或者哪些部位可以把停损点移近些？如果有些部位已到走势的末段，我便有可能移动或改变尾随停损点让它更紧些。一般来说，我的停损点是依据市场的走势。我喜欢让市场告诉我该怎么做，而不是只为了降低风险而做主观的决定。另一个可能的做法是用选择权替代期货部位。

**你是否认为分散投资的做法是对的？**

不，我不刻意分散投资。我认识许多交易人都这么做，但我的哲学是宁可集中投资数目较少的市场。我喜欢分散投资到最多约五六个市场，但再多不行。

**为什么？**

因为，第一，我会分散得太过稀薄。第二，人们在市场中赚到钱不是靠大力分散投资。有谁会到赛马场，赌全部十匹马会赢？如果你希望操作商品获得不错的报酬率，就必须把较高比率的蛋放在某个篮子里。我相信集中在较少数的市场，我可以把事情做得更好，因为我会对它们了解得更多，把它们操作得更好。

**你会注意收成报告或严冬季节吗？**

会的，我确实这么做，但不是为了控制风险。我找的是绝佳的机会。

## 攻守四大战技

比方说，每年的5月到7月，有很强的季节性趋势让玉米和黄豆大涨，原因在于正逢种植期及和它有关的不确定性。

**在季节性上涨期间，做多的风险不大。我所说的是违反季节性趋势的风险，例如在冬季放空橙汁。许多人可能说："不，我不趋势的风险，例如在冬季放空橙汁。许多人可能说：'不，我不想在冬天放空橙汁，或在厂牛只养育报告'发表之际放空活牛，因为太危险了，可能有一大堆涨停板对我不利。"**

我不会根据即将发表的报告而进场。如果我的分析正确，而且如果我的技术研究做得不错，要是即将发表的报告对我的部位不利，我会在报告发表之前不久或之后不久停损出场。一般情况下，我已经解决了报告内容应该如何以及市场应该如何反应的问题。所以我不怕持有部位直到报告发表之后。事实上，一年的期间内，我们可能有一半的钱是持有部位直到报告发表之后，而且做对边赚来的。

我们很少再有那些急涨走势把你套牢。个中原因在于你可以买选择权来保护自己。选择权的供应使得大部分的波动从市场中消失。

**你还有没有其他管理风险的方法？**

我用到选择权。比方说，眼前有个重要的谷物报告就要出炉。它是本作物季剩下的时间里，旧谷收成的重要报告。我晓得它可能是一份利空的报告，但我对市场偏向看多。我是从基本面分析和市场的季节性特质而偏多。对我不利的是中期趋势，因为它向下。因此如果我要建立一个部位，我可能有一部分或全部的部位是从选择权做起。如此一来，我便晓得风险为何，而且风险绝对有限。在报告发表之后，我把那些选择权转换为期货部位。如果走势极为有利，我可以只买期货，留着选择权。

### 史丹·塔穆雷维奇

史丹·塔穆雷维奇是《市场热线更新》的主编。这份刊物的对象是账户金额较低的交易人。

**史丹，对你的操作风格来说，管理风险有多重要？**

很重要。身为顾问服务业者，你绝不会真的去谈管理风险。你会出于

## 第五章　管理风险

需要而忽视它。你只谈点子，总是把点子告诉别人。

依我的看法，玩这种游戏时，你必须非常保守才行。根据设计，我的风格是"任何操作我都不想失去10％以上的本金"。这是我愿意承受的最大风险。在我做一笔交易之前，我知道要怎么进场以及做了那笔交易之后，知道自己要冒多大的风险。我不用公式，但当我从金额的角度看风险时，我希望能维持在5％到10％的范围内。由于我的操作属短线，我的总部位很少用到50％以上的本金。

如果你应用上面所说5％到10％的风险限制，并且考虑我的操作只有两三天，那么拿很多本金去冒险的唯一方式是有很充沛的好点子。我的点子并非源源不断而来。我一个月可能顶多做十五笔交易。因此，如果它们只维持两三天，我不会用到账户中太多本金。有一天我醒来，可能有五个点子必须执行。这时便有充裕的资金执行全部五个点子。

**管理风险的一种方式当然是看你操作的市场。你不会在所有的市场操作，因为有些市场的波动有点太大。**

说得没错。我有点不喜欢操作货币，但还是做了一些货币的交易。要是我有了操作长期公债的点子，可能反而把重心放到中期公债上。另一个替代方法是在中美国交易所操作迷你型合约。我曾在那里操作大有斩获。在那些市场不会有什么问题。

**你在中美国交易所操作哪些市场？**

我曾在那里操作货币和债券。完整的一口谷物合约很小。除非你的账户金额很低，否则你不必考虑中美国交易所的谷物。

**你操作肉类吗？**

有，但我认为正常的合约太小。

**我想你根本不操作股价指数。**

偶尔会操作。我的操作风格很难接受股价指数，因为暴险程度远高于其他市场。如果我操作股价指数，则那个月不是大赚就是大赔，看我的操作成败而定。

**就你的方法来说，在NYFE操作不是如鱼得水吗？那里整体来说趋势性很差。走势屡见起伏，你的短线风格恰好能够大显身手。**

## 攻守四大战技

抓 NYFE 中期的转折点时，我的运气不错，但我的收盘停损点害了我。

**你对收成报告和严寒季节的看法如何？你会注意那些事情吗？**

会的，我会注意。我不去与它们作对。赖利·威廉斯等一些人说，你可以忽视它们，而且一切事情都会尘埃落定。我的见解是，你不应持有部位直到报告发表，特别是猪的季报。那种事情太具爆炸威力。

**在你的每笔交易都尽量少冒风险的前提下，你没办法承受那样的风险。**

一点没错。你可能发现自己的部位承受的风险是两个停板。依理，操作活猪时，风险不要高于 50 点。两个 150 点的停板会毁了你。

**和收成报告类似的其他什么状况，你会刻意避开？**

那是我不喜欢债券和货币的原因之一，因为很多货币报告对它们影响很大。

**你还用其他方法管理风险吗？**

用我的方法很容易就会过度操作。你可能想在某些点子上全力以赴。小心行动设法保存资金，为长远的未来打算是很重要的一件事，新进交易人尤应如此。

**如果你担心过周度操作，何不限定你所做的操作数目。例如平均一天不要操作一笔以上，或一个星期操作两笔以上。你是否曾想周这么做？**

那是很可怕的念头。有些日子里，我有三四个好点子。如果要我试着去选哪笔交易是最好的，我敢说每次都会选到错误的一个。我一定要做我所看到的每一笔好交易。

**因此没有限制？**

没有。如果我看到四五笔交易不错，我会去做它们，即使需要投入 80% 的本金。有可能其中之一第一天就停损出场。三天内其他的交易也有可能轧平。要是我已经抱了四五个部位，隔天很不可能再找到另外两三个。

**所以你自然而然就会限制住自己。**

没错。那可能和心理因素有关。如果你已经有了四五个部位，就不会再挖空心思去找另外的交易，因为你会想把已经拥有的部位管理好。你会集中精力去做那件事，而不是试着再找新东西。

# 第五章　管理风险

## 罗伯·麦勒

罗伯·麦勒是《主市场分析报告》的主编。

**罗伯，你所用的方法中，管理风险有多重要？**

依定义，风险是指某件事情发生，危害到资金的可能性。停损单是设定任何一笔交易最高资金暴险程度的工具。我使用和进场相同的方法，决定在哪里下保护停损点。

**你注意的市场是不是限制在一定的范围内？**

约五六个。主要的市场有黄金、长期公债和黄豆。我在新闻信中追踪标准普尔指数，但个人不操作它。我也追踪货币，特别是德国马克。我时常操作它们。其他很多市场我也注意，一有特别的事情出现，我会更仔细地加以分析。比方说，其中之一是糖。目前我做多糖已有约六个星期。那是因为它的图形形态刚开始大放异彩。我从来不操作肉类。唯一的谷物是黄豆。就是这样。我经常分析的市场实际上只有约五或六个。

**但那不是为了管理风险，只是为了分析。**

是的。我所找的市场必须符合我所有的条件，我才会去操作。我很少一次操作两个以上的不同市场。通常只有一个。

**那是因为你的分析方法太复杂，没办法同时追踪许多市场？**

喔，不是这样子。一天当中，约十五分钟内我会注意六个市场。

**那么，为什么你限制自己注意那么少的市场？**

为什么我要更多的市场？只注意那么少的市场，几乎总能找到操作可做。我相当了解那些市场，因为那么久以来，我每天都在看它们。

**那么你宁可在少数的市场操作较多的合约，而不在许多市场操作较少的合约？**

是的。

**如果你有个大账户，你不会在更多的市场操作，而只会在你注意的市场中操作更多。**

对。任何市场对我来说都只是数字而已，即图形上的长条。我会观察图形，看哪个市场就要符合我的分析。下一笔交易我会去做它。图形的名

攻守四大战技

称没有太大的意义。如果你有五六个市场常波动，任何时候几乎总有一个可以操作。

**你是否有任何准则，设定账户的最高暴险程度？**

任何一笔交易最高是本金的5%。

**只要每笔交易所冒风险不超过5%，你并不在意做多少笔交易。**

对。

**如果你要加码操作，你还是希望总部位的风险不超过5%。**

没错。

**你对收成报告和严寒季节有何看法？你会注意这些事情吗？**

不会。

**所以说，你的风险管理主要是透过停损单进行。那是你唯一的风险管理方式。**

是的。风险是用你对自己的分析方法和操作策略怀有多大的信心来表示。我们希望它们正确的次数多于错误的次数。果真如此，而且设法在错的时候抑带顺损，最后便会做得不错。

**你不认为分散投资是好的做法？**

我从没能体会分散投资的吸引力。对我来说，那等于承认你不知道那些市场要往哪里走，所以只好把每样东西往墙上丢，希望总有些东西黏在上面。

**是的，这番话相当能够说明我那不算什么的哲学。**

### 彼得·布朗特

彼得·布朗特是老经验的专业交易人，也是《因素》咨询顾问服务的主编。他专精于操作古典的图形形态并使用很小的停损点。

**彼得，你用什么方法管理风险？**

对不同的人来说，管理风险的意义不同。但是在我看来，它是操作成功单一最重要的成分。我认为风险管理的观念比你如何产生操作讯号还重要。风险管理是指一笔交易中，我要拿多少比率的资金去冒险。

**你的答案呢？**

我不喜欢所冒风险超过1%。要是某些事情发生，有时我会接受2%。

## 第五章　管理风险

在不常出现的极端情况中也许可以到达3%，但绝不能高于此数。

**由于你使用小停损点，你会不会因为操作多口合约而到达那个门槛？**

问得好。另一个风险管理上的问题是你如何处理重要的政府报告，而且你晓得它们可能对市场影响很大。

**你如何处理？**

我注意的报告没有那么多。我注意其中一些报告，也注意一些重要的事件。市场专注的报告，一个月只有一个，而且那是政府发表的报告。我不晓得现在有什么报告要出炉。假使我有个大部位，而报告就要出炉，如果我的操作还没获利的话，我会减码操作。

另一个风险管理的课题是如何处理高度相关的市场。如果我即将在长期公债上冒2%的风险，要是我也同时在欧洲美元和国库券看到很棒的讯号，那该怎么办？我也可能在五年期公债、十年期公债、地方公债看到讯号。要是你投入四五个相关的市场，每个市场都冒2%的风险，突然之间你在这整件事上冒了10%的风险。这是风险管理的重要成分，了解各市场间的相关性，它们会不会齐涨齐跌。

**为了管理风险，你是不是把相关的市场看成一笔交易？**

我会稍微放宽一些，但不会太大。大致来说，我视之为单一部位。要是我看错中期公债的走势，也会看错长期公债的定势。

**关于一个账户中能够同时拥有多少总部位，你的看法如何？**

我从来没有认真考虑这件事。要是操作到接到追缴保证金通知，那便表示操作过度。但我不认为这件事很重要。

**为什么，因为你不会操作那么多？**

我想，我的保证金比率从来不曾超过50%。

**如果你只冒1%或2%的风险，你可以有相当多的部位，而风险不会变得太陡。**

没错。

**选择要操作的市场呢？你会不会因为风险而不喜欢某些市场？**

喔，会的。我曾有在某些市场成交的可怕经验。要是你得到不好的成交价，则定义风险的努力和实际上最后赔掉的钱不见得相同。由于流动性

## 攻守四大战技

低，你所冒的风险远高得多。当然了，我们所以为交投薄弱的市场，假使做对了，绝不会太过薄弱。只有我们做错了，交投才会显得过于薄弱。在天然气、白金、原木等市场，我在决定部位的大小时，会考虑操作成功有赖于好成交价。

**标准普尔指数呢？以你一般的停损点（约 300 美元）来说，操作标准普尔指数不是很困难吗？**

我不操作标准普尔指数。

**为什么不？**

因为用那种停损点，我没办法操作。

**所以它也因为风险管理因素而被剔除在外？**

对。

**是不是还有其他热门市场，你因为风险管理因素而不操作？**

大致上我不操作牲畜市场，但我认为那主要是因为技术原因，不是为了风险管理。

**你的方法在那里不管用？**

没错。猪腩有时会这个样子，但大致上我发现肉类不是很好的图形市场。所以我干脆不去碰它们，让别人操作。

**像第一夫人那样。**

我从来不曾发现小麦是特别好的图形市场。所以我以怀疑的眼光看待小麦发出的任何讯号。

**关于风险管理，还有其他的话要说吗？**

有的。要是有办法在外汇市场使用隔夜停损点，那可能是明智的做法。外汇市场一夜之间常有巨大的波动，尤其是日圆。我们晚上睡觉的时候，交投正好最热络。我不是指 Globex。我会利用隔夜市场做货币的期货转现货。

## 科雷格·索尔柏格

科雷格·索尔柏格是《操作风》的主编。专精于和气象有关的交易。

**科雷格，你所用的方法中，管理风险占有多大的份量？**

# 第五章　管理风险

这和你的第二个原则，也就是迅速认赔有密切的关系。我们很难想象有人不懂管理风险，却是优秀的交易人。我刚在商品领域操作时，学到的第一件事是资金管理要做好。有些研究报告指出，每十位交易人中只有一位赚到钱或者类似这样的事情。这和普遍缺乏良好的风险管理有直接的关系。

那句箴言怎么说？市场上有很多老交易人，但既老又胆大的交易人不多。

做一笔交易时，你心里要有明确的风险概念。市场到达特定的水准时，你必须对自己说："好吧，这笔交易我做错了。现在就在损失有限的情况下出场，活下来改天再战。"你不能死守着某个市场，期待总有一天否极泰来。

做一笔交易时，应该根据你自己的条件，价格水准相对于市场看起来有不错的经济价值。在你下单之前，先决定万一市场走势对你不利，你要承受哪种合理的风险水准。如果某笔交易正在赔钱，则它对你当初所为的基本面不会有反应。当价格到达那个水准，你必须承认自己看错了市场。这时应该忍痛认赔，留得青山在不怕没柴烧。

你必须管理好风险，好让自己能够参与下一波的大走势。这笔交易赔了钱，不表示下一笔交易不会大赚。

在硬币的另一边，上一笔交易每口合约赚了2000美元或3000美元，不能因此而过于大胆做下一笔交易。我一直有这样的倾向。好几次，在一连串大赚的气象交易之后，我会想在下一笔交易冒比平常大些的风险。你可能今天是赢家，但风向会转变，明天大部分利润可能一去不回。

**你在气象市场交易时，必须在波动很大的状况中抢进杀出。许多人会说："天哪，市场波动那么激烈，我根本不敢交易。"你则说："乖乖，这正是我们想在那里的原因，因为气候会使价格上下不停。"如此一来，管理风险不是更为困难？**

我试着不要抢进杀出。只要气象预测保持不变，我就会抱牢部位。但猛兽的本质本就如此。如果你想象我一样当个气象交易人，就应该期盼那样的情况，因为这时你才有在市场上下其手的机会。你必须做什么像什么。

那种情况下，市场可能比较忽略其他的基本面因素。它会想要知道气

## 攻守四大战技

象预测的意义。图形看起来可能波动得很厉害，涨跌都有跳空和停板，但如果你从气象预测的角度来看它，你就会十分清楚为什么市场在一个星期、一个月，甚至一年的期间内有那样的走势。

## 科特尼·史密斯

科特尼·史密斯现为尖峰资本管理公司总裁兼投资长。尖峰公司为机构和个人管理投资组合。投资组合投资在股票、固定收益和许多货币的衍生性商品。姊妹公司尖峰资本策略公司提供代管期货账户。

他是《全球投资策略性优势》新闻信的主编。过去三年来，《商品交易人消费者报导》在期货交易方面，给这份投资顾问新闻信很高的评价，而且史密斯表示，股票投资组合的表现一直优于股票市场，同时风险较低。

史密斯写了五本书：《季节性操作获利法》、《商品价差交易》、《股价指数期货操作赚钱术》、《期货交易人的季节性图形》、《选择权策略》。

不久前，他是量子金融服务公司的总裁兼执行长。这是一家一亿美元的期货和股票经纪公司。他是瑞士BancadellaSvizzeraItaliana（BSl）纽约分行的第一位副总裁和财务长。曾是纽约法国银行百利银行的集团副总裁，负责衍生性金融商品，也曾任潘伟伯公司的期货研究及商业服务部门副总裁和董事。

史密斯先生是北美和欧洲各地投资研讨会上炙手可热的演讲人。曾多次上电视节目，如华尔街日报报导和钱线，以及CBS、CNN、FNN等电视台的其他节目。是CNBC的特别来宾。尖峰资本管理公司的地址是：Box7603, NewYork, NY10150-7603，电话：(212) -832-0532。

科特尼·史密斯是《全球投资策略性优势》新闻信的主编。

# 第五章 管理风险

**科特尼，资金管理在你的方法中有多重要？**

我强调最重要的是心理层面，但第二重要的考量是资金管理。当你一连串的交易都赔钱时，就必须保留足够的本金留在游戏场内，好让你的系统或方法有机会获胜。在你经历那种奇特的处境，也就是连赔十笔交易时，那并不代表什么，因为你能够保留再玩下去的实力。如果你继续玩下去，最后一定获胜。

**关于这件事，你有没有经验法则？**

不管任何交易，我绝不会拿本金的1%以上去冒险。其实我喜欢压低到0.5%以下。我是拿目前所操作的本金计算。

**用那种方式需要很多本金，不是吗？**

的确如此。不是本金要多，就是停损点要很紧，而这表示你可以有很多赔钱货。只有10000美元的人怎么办？他如何使用1%的停损点去操作？因为能够冒险的金额只有100美元。

他可以操作迷你合约或价差交易。务实的说，他或许可以提高到2%。不要忘了，1%的准则是以目前的本金为准。一个人起初有100 000美元时，第一笔交易可以拿1000美元去冒险。要是这笔交易赔光了，现在只能拿剩下的99 000美元的1%去冒险。以下依此类推。依定义，以这种方式去做，你永远会有些钱剩下来。

资金管理是很重要的一件事。我从资金管理的观点看每一件事情。我首先决定好最适当的停损点。接下来我能操作的合约数便是依1%的冒险准则或准则所能动用的金额，除以每口合约数的金额来决定。我尽可能把停损点设得很紧，因为如此一来便能交易最多的合约数。

**你是否使用资金管理停损点？你是否使用图形停损点？你到底使用何者？**

现在我只使用图形停损点。但以前用过机械式系统停损点，将来也有可能再用。

**那并不是资金管理停损点。**

不是，资金管理停损点要看部位的大小。

**最紧的停损点必须多小才合理？**

## 攻守四大战技

几百美元。损失了 150 美元我就会停损出场。

**在哪个市场？**

铜。如果操作做对的话，我等着它崩跌。但是它没有大跌，所以我赔了 150 美元。我最多会拿 1200 美元去冒险，但喜欢压低到几百美元。

### 詹姆士·柯尼夫斯

詹姆士·柯尼夫斯自 1977 年后便是重量级的资金经理人。

**詹姆士，你如何管理风险？**

我们所用的关键部分是获利操作的平均金额相对于赔钱操作的平均金额之比。要是平均获利对平均损失比能够尽量提高，你就拥有一套很棒的系统或很棒的操作方法。接下来，我们从第一天起就控制每笔交易的风险。每笔交易在前面两天都有一个资金管理最大损失金额，直到系统的抛物线尾随停损点能够赶上它。控制每笔交易的绝对风险很重要。至于某种金额的账户能够做多少部位，则是完全不同的风险管理问题。

**我们一个个观念来说。你如何决定你的资金管理风险？那和商品有关，还是和账户或别的东西有关？**

完全看商品而定。我们有个五年的窗口，观察拿我们的系统去操作，从进场点到出场点的最大获利和损失。我们有多少次获利 5000 美元、4000 美元、3000 美元，等等。我们也用同样的方式把亏损列出来。操作标准普尔指数的亏损从最低 500 美元到最高 2500 美元。大部分落在 500 美元到 1000 美元的范围内。

**你如何决定停损金额是多少，比方说是 500 美元或是 1000 美元？**

我们观察过去五年我们的系统每笔交易的平均亏损。我们也观察赔损金额。我们设法大略搭配系统产生的平均亏损。我们也根据标准差加进一些缓冲，允许可能使你超越平均亏损的市场杂讯存在。比方说，燕麦在 500 美元的范围，而白金是 1000 美元。

**所以说，系统的平均亏损让你们大致晓得趋势内的市场波动性如何。**

对。玉米的平均亏损可能是 295 美元，但我们有点根据自己的判断，选了 500 美元作为最低的停损金额。比方说，白金的平均亏损是 620 美元，

## 第五章　管理风险

亏损约是玉米的两倍。所以我们在白金使用1000美元的停损金额，相对于玉米的500美元。换而言之，每件事情都根据我们的最低公分母来定，而那是玉米和燕麦。

**你开出的下一个风险管理方法，是相对于账户金额的部位数目。**

是的，还有你的账户希望分散投资到什么程度。以往我们有四种账户。我们有分散投资账户、纯金属账户、外汇账户，以及我们所说的金融账户，包括外汇、利率和股价指数期货。那也取决于你的账户金额，是25 000美元、50 000美元、100 000美元或者100万美元。

了解了这些，我们所有25 000美元账户的操作方式完全相同，以维持一致性，因为我们是和不同的经纪公司往来。

**你对于开立纯金属账户，是不是不以为然？**

是的。

**我以为你们是为了行销才那么做，但那不是好念头，对吗？**

不，不是好念头。20世纪80年代初我们和吉姆·辛克莱做过那种事，当时确是行销噱头。

**拥有一套永远在市场中的系统，对于所要操作的市场以及以哪种账户金额，要在哪些市场操作，你一定有相当严格的想法。**

这里我要加个小注脚。过去三年来，我们一直管理严格的外汇账户和严格的避险账户，以及严格的机构账户，也使用选择权。这是我们一直在市场中的原因，因为做了避险动作，则不管发生什么事，我们都必须保护自己。其实所有的避险账户都含有投机成分，因为你随时都在做买进和卖出的决策。你必须两个方向都做。美元下跌的时候，你不能赔钱，而当它上涨的时候，你必须赚钱。

**我们来谈大型商品账户中的机构账户。对于这种账户，你如何运用分散投资作为风险管理工具？**

对于基础广泛的商品账户，我们设法尽可能包含很多商品类别，而且在每一类中包含很多流动性高的商品。

**你如何决定多少合约算太多？**

我们设法在暴险和特定类别的期望报酬上，取得六种类别中每一种类

## 攻守四大战技

别的平衡。

**是哪六种类别？**

农产品和牲畜、外汇、金属、利率、股价指数期货、食品。

**你是否希望六种类别的份量大致相当？**

是的。某些类别的趋势波动大于其他类别，但这是很合理的分散投资形式。

**在那些类别中，你是否试着求取各不同市场的平衡？**

一点没错。

**就你操作的金额来说，是不是有某种限制，比方说，账户中每10万美元就设定某种限制？你如何决定这件事？**

有的。我们绝不动用50%以上做为保证金。事实上，我们通常限定在50%以下，一般情况下，是在40%或50%的范围内，但绝不超过50%，除非保证金突然提高。

**为了管理风险，是不是有些市场你不会操作？**

是的。

**为什么？**

因为它们的流动性太低。

**对于未轧平部位合约或者你希望见到的成交量，你有设定限制吗？**

没有那么严格，但我们当然希望见到每天有300口合约以上的成交量，而且未轧平部位合约总数超过2000口。

**所以你会操作原木？**

对，它确实符合上述的准则。说来讽刺，我们从没操作过原木。原因是我们的基本面分析一直没办法用在原木上，因为它是那么奇特的行业。大致来说，我们不操作橙汁或钯。

**橙汁的未轧平部位合约和成交量很高。**

在夏季的一些月份里，成交量会急降到300口以下。

**不同市场的一些个别情况，如收成报告和严寒季节，你的看法如何？你是否注意这类事情？**

我认为那些事情会随着时间的流逝而平稳下来。如果你决定在报告发

## 第五章　管理风险

表之前退出市场，那么我要说，这些报告每天都有。我认为那是输家的做法。许多情况中，市场的技术面已经涵盖这些报告的结果。我觉得你应该照你的系统去做，忽视这些报告。你必须接受有时候你的系统最后会做错边的事实。

**如果你要操作活牛，你会一直操作到报告发表之后？**

是的。

**关于风险管理，还有其他的看法吗？**

对新进交易人来说，务必把握的关键是决定你要冒多少金额的总风险，然后恪守不渝。要是赔了钱，那么就像专业交易人所做的那样，离场一阵子。坐到场边，思索你犯了什么错误再进场。

**那是整体的了断点。**

是的。附带一提，很少人会做那种事。那是一种纪律。务必在你开始之前，选好你的了断点。换句话说，如果你有10,000美元可以投入市场，你可以决定在赔了5000美元之后停止操作。要是你真的那么不幸，赔了5000美元，那就停止操作，好好想一想，到底哪里错了。大部分人都跑个不停，结果赔得更多。如果你在短时间内赔了50%的投资资金，那表示你的系统运作不当或者你做了某些很不对的事。

**要是一段长时间内赔了那么多钱，也不是太好的事情。**

可能更糟。

**因为你在更长的期间内浪费了自己的时间。**

要是你得赔掉50%，最好赶快赔掉。其实我自己就是这么做的。

## 华尔特·布雷瑟特

华尔特·布雷瑟特是20世纪70年代初最早的周期大师之一。目前销售一套周期操作软件程式。

**华尔特，管理风险对整体操作成功来说有多重要？**

我称之为管制下的风险。永远要控制你的风险，永远要控制市场，永远要控制你的进场点。因此，风险永远受到管理，永远在你的控制之下。

你必须决定要用什么操作策略。你必须决定何时进入市场，因为你已

151

## 攻守四大战技

经确定可以忍受的金额风险、已经定下可以接受的利润目标、已经有了三个不同的时间构架和三个利润目标。换句话说，你已经有了操作策略。

你应该做好家庭功课，好好控制以上三者。身为交易人，进场的时候，你就应该知道到了哪一点你将承认错误。你必须晓得你要用什么策略让市场带你出场。

理论上，你必须完全控制一切。实务上，你还是得应付恐惧和贪婪。没有办法避开这些，但你应该设法求得平衡。对我来说，风险管理最重要的部分就是求得平衡。要是我失去平衡，就会做出不好的决策，因为我突然之间无法控制某些事情。

我的风险管理方法是尽量消除个人的判断，以求尽量剔除恐惧和贪婪。我利用一种结构性的方法以便在我犯错的时候，能够控制我将损失多少以及在我对的时候要赚多少。

我的方法是设法在接近周周期的底部买进，然后利用较小的日操作周期，在上涨途中逢低买进。空头市场中则使用相反的方法。你应该掌握短线波动，迅速卖出三口合约中的一口，获利了结。通常金额在500美元到1000美元之间，而且是在约五个交易日内。这么做，马上可以落袋为安。在心理上，你已经平衡，而你口袋中的钱可以冲抵剩下另外两口合约很大的暴险程度。没有承受风险时，你的想法会不一样。没有风险时，你的心理会得到平衡。对我来说，风险管理就是控制一切，取得心理平衡。

**在你全部的三口合约部位上，你不喜欢拿本金的2%或3%左右以上去冒险。**

通常是不超过5%，但如能压低到2%或3%，我会去做。

**因此你管理风险的一个方法，是看个别部位相对于总账户的关系。整个账户要拥有多少不同的部位数目，你有没有限制？**

要操作多少部位，我并没有特别的限制。依市场的性质和我操作的方式来看，我没办法一次操作三到五个以上的市场。部位风险不超过本金的5%我才会建立。如此便在某种程度内对我构成限制。任何时候，任何一种市场类别，我所冒的风险不会超过本金的20%。这些事情限制了我。

我打算做的事，是发展数量庞大的进场形态，好让我能够进入市场，

## 第五章 管理风险

并轧平短线和中线部位,但抱牢长线部位以掌握更大的走势。我设法找出即将来临的大走势,尽可能确认很多进场点,尽快轧平 2/3 的合约,并且抱牢其余的部位,等候更大的走势。进入市场的时候,我是冒 5% 的风险,但如我能以接近风险的金额轧平第一口合约,那么五天内这个风险应该会降低到 1% 以下。

**那是哪一个部位的风险,还是全部三口合约的风险?**

全部三口合约部位的风险。

**你是不是试着在第一笔交易赚到足够的钱,以弥补你建立三口合约部位的总亏损?**

我设法在第一笔交易赚到足够的利润,以弥补我操作的三口合约中的一口产生的总亏损。简单的说,假设我冒 6% 的风险。每口合约都有 2% 的风险。要是第一口合约我能赚到 2%,轧平之后便把那口合约的 2% 风险给消除了,加上实现的 2% 利润,可以冲销我仍拥有的另一口合约的 2% 风险。于是我的总暴险降低到 2%。现在我的心理得到了平衡,手头上有钱能够寻找下一个进场形态。这么做,在市场准备发动走势之际,我可以建立起相当大的部位。

**对你来说,分散投资是不是重要的风险管理工具?你说,每一种类别冒 20% 的风险。这么看起来,你似乎可以一次在一种类别中操作四个不同的市场。**

那不表示我会同时进入相同的类别。我不希望在某种类别停损出场时,未实现的获利有 20% 以上的资金处于风险中。如果市场允许我会分散投资。比方说,要是我看到某个走势即将发动,我会集中很大的精力在黄豆上,把很多资金投入黄豆。如果我见到某样东西可以冲销活牛、白银、黄金或其他市场的风险,我也会在那个市场操作。我没办法操作三到五个市场以上。我没办法时时盯着它们。

**有些人试着不要同时在一种类别建立一个以上的部位。接着他们设法分散投资到另一类别。我们要问的就是这种事。你不关心这种事,而是对自己能不能找到好的进场形态比较感兴趣。**

对于追踪十或十五个市场,而且总是要我分散投资它们的系统性方

## 攻守四大战技

法，我不感兴趣。我希望找到可能发动的走势，并且运用我的才华到我认为即将出现的大走势上。如果在这个过程中，我在其他的市场也找到部位，那更好。但是如果我认为将有大走势出现，我可能只操作一个市场。

我不断移动停损点以降低风险。我希望控制一切。要是我担心很多事情，那就表示失去了控制。所以我的停损点必须随着投入的资金向上移动。

**有些人任何时候都不肯冒50%以上的保证金风险。你有没有那样的准则？**

不，我没有。

**只要你的部位所冒风险不超过本金的5%，你就会在适当的时候建立一堆部位。**

是的，我会不断建立部位。

**你对收成报告和严寒等事情的看法如何？你会把它们当做一种风险管理工具吗？**

会的，我会看哪种收成报告即将发表以及处在一年之中的哪个时段。除非我能控制停板波动的风险，否则我不会抱着部位等候报告发表。

**要是太接近报告发表的时间，你会放弃一笔交易，因为你认为风险可能增加？**

如果那是一份重要的报告，也就是我认为会对市场产生重大影响的报告，我会那么做。对我来说，一份报告几如一场赌博。如果到报告即将发表时，某个部位没有相当大的获利，那我就是在赌博。我不喜欢赌博。如果我认为市场可能动得够多，让我在控制下实现一些获利，可以抱着部位直到报告发表之后，则我可能在报告发表之前进入市场。

除非我有获利，否则我不喜欢抱牢部位直到报告发表。我喜欢建立一个缓冲区，万一报告对我的部位不利，我还是获有保护。

**对于在冬季放空橙汁的季节性风险，你的看法如何？你会远离那种做法吗？**

我不操作橙汁、可可豆、咖啡豆、合板、原木。我不操作交投清淡的市场，或者商业交投很少的市场，因为你没办法控制事情。在那些市场，

## 第五章　管理风险

你无法控制事情。橙汁交易所的营业厅有一些规定我从没听过，直到他们把我的钱拿走，我才晓得。

**从我本身的橙汁交易经验，我懂你的意思。我的下一个问题是，你会不会为了管理风险而忽视某些市场？你已经谈到你不操作的一些市场，还有别的吗？**

那些是大致上不操作的市场。我很少操作棉花。我喜欢流动性高的大市场。偶尔我会操作棉花、咖啡豆、可可豆，但少之又少。我不操作原木。我不操作交投十分清淡的市场。我从不像赌博那样，操作猪腩，因为交投过于清淡。

**你会操作活牛？**

会的。

**活猪？**

我有操作活猪，也曾在活牛和活猪上面赚过钱。猪腩我曾赔过一点小钱，因此认定这个市场不适合我。

**股价指数呢？对你来说，它们是不是太大？**

我喜欢在盘中或利用选择权操作它们。

**你最喜欢的市场有哪些？**

我最喜欢的市场是黄豆，也喜欢标准普尔指数和债券。

**黄金呢？**

是的，我喜欢黄金也喜欢白银。一年当中合适的时机，也喜欢铜。

**那是因为那些市场和你的周期方法很搭调？**

是的。那是因为利用周期性方法和我的季节性方法，可以安排一年当中事情看起来真的很好的时段。

**是不是有哪些风险管理上的考量，我们没有提到？**

心理平衡是最重要的风险管理考量因素。我认识做得最好的交易人之一，从他身上学到这一点。他是位绅士，操作了30年，而且赔了钱。20世纪70年代初，他参加一项谈周期性的专题研讨会。周期尤如一块黏胶，把他所有的技巧聚合起来。在那之后，他一年从市场赚到几百万美元。看他操作，以及追求平衡的过程，我学到很多东西。

## 攻守四大战技

如果你失去平衡，就会做出坏决策，而在市场操作是一种决策游戏。要是你过度操作，就会失去平衡。要是你过度投入，就会失去平衡。如果你的金额风险太高，你会失去平衡。如果你犹疑不决，就会失去平衡。要是你病了，就会失去平衡。如果你需要用钱，你会失去平衡。如果你赚了太多钱，你会失去平衡。你得找出时间来休息，不能每天都操作。保持心理平衡是重要的考量，每位交易人都应把它贴在墙上。

**你操作多久了？**

约 25 年。

## 史提夫·布里斯

史提夫·布里斯是《商品期货市场多头评估》新闻信的主编，也与人合写了几套电脑化系统程式，如 Cross-Current 和 Private $ tock。

**史提夫，在你的操作中，管理风险有多重要？**

管理风险是整场球赛的关键。如果你有一套操作系统，能以合理的亏损风险抓取你正在操作的趋势长度，只要你不过度操作，就会出人头地。

过度操作一词有几个意思。过度操作可以指某个账户金额在一个市场建立太大的部位。过度操作也可以指某个账户金额操作太多市场。

我采取的是一种根本性的方法，也就是个别操作的冒险金额绝不超过账户金额的 2%。所有未轧平部位的风险加起来，不应超过账户金额的 10%。

操作其实是一种机率游戏，你需要有足够的资金才能忍受任何系统都会发生的连续亏损。要做到这一点，必须限制每笔交易的潜在亏损以及任何时点的潜在总亏损。

首先你要决定所要操作的趋势长度。根据趋势长度定义趋势本身确立的进场点。然后根据那个趋势将在哪里反转下停损单。如果进场点和出场点的差距在账户金额的 1% 到 2% 间，那就放手去做。如果不然，则不是放弃这笔交易，就是建立一个进场点，压低风险到账户金额的 2% 以下。不要去调整停损点。

每笔交易一定要有停损点。如果你的操作系统的准确率是 50%，则价

## 第五章 管理风险

格目标必须至少等于你的亏损加上手续费和成交差价损失。实务上应该高于这个数字，才能做得比打平要好。这是为什么每笔交易都要有价格目标，而且在那个价格目标至少轧平部分部位极其重要的原因。

这只是单纯的数学计算。你可以用客观的方式确定你的操作系统或方法，是不是有胜多输少的数学机率。你可以根据历史性的系统结果计算目标。你可以观察以前平均的停损点为何、平均亏损为何以及赚钱的操作数目是多少。你可以用预先研判和及早进场，使某些系统变得更为赚钱，特别是帐面上没有那么漂亮的突破式系统。利用某种外在指标或只是调整你的进场点就可以办到。

**人们应在心理上做好准备，将碰到哪种连续亏损？你已经做了很多系统的研究工作。最常见的连续亏损有几次？**

我想，你应该准备面对连续五次的亏损。

**至少五次？**

如果你的系统曾经连续亏损五次以上，我觉得那种系统很难令人接受。我不认为你会经常连赔五次，但我想你应该有连赔五次的心理准备。

**如果你的系统准确率是 50%，则对于获利大于亏损的非曲线配适系统来说，那可是好得不寻常。投掷硬币也有相同的机率。投掷硬币时，需要多久才会连续出现五个以上的正面？不用太久的时间。所以五这个数字会不会太低？**

是的，你可以认为那是很低的数字。但不妨静下心来想想实际上操作一个系统的情形。向我购买操作系统的人透露，一个系统如果连赔五次以上，他们不会守着那个系统下丢。到了连赔五次，他们就会对那个系统很不满。它会变得很讨人厌。如果我用的方法赔了五次，我晓得自己会有什么样的感觉。这时我会开始根据假设性的测试，探讨目前的结果和历史性的结果是否吻合。在我开始检查之前，我不想赔掉更多钱。

**平均获利相对于平均亏损的关系，你认为什么样的数字才好？**

问题是它会随着你所追随的趋势长度而有很大的变化。我看过许多非常短线的系统，交易成本很高。拥有这样一个系统，你需要高出许多的获利对亏损比率。至于较长线的系统，交易成本低，获利对亏损比是 3∶1 的

## 攻守四大战技

话,那不错,表示你有个不错的系统。每次我见到短线系统的每笔交易利润是 40 美元的时候,便晓得任何经纪商都可以透过成交差价损失和手续费,把那些利润吃光。像那样的数字,我不认为你能算出够高的获利对亏损比率。

如果你有个合理的中线系统,每个月操作两三次,那么 3:1 是合理的数字。要是操作得更为频繁,则交易成本有可能杀了你,比率不晓得要多高才行。

**你是否选择要操作的市场,或者有哪些市场不操作,作为风险管理的方法之一?**

有的。错过橙汁或取暖油的气候波动,或者原木的走势,我绝不会打自己的屁股。那些市场的交投十分清淡,一天之内可以同时出现涨停板和跌停板,或者锁住停板几天之久。

当波动性变得太高,则不管你用什么样的系统都会有一个点,非退出不可。早在 1973 年,我就学到这件事。我第一次操作是买白银,2.97 美元买进,一直买到约 3.60 美元。我认为暂时只能涨到这里左右,于是退场。

接着我想:"喔,老天,在回折的时候,我也可以赚点钱。"于是放空。当然了,我动用累积下来的获利,放空 3 倍于做多的金额。起初我是对的。市场确实下跌,每口合约我有了 1500 美元的利润。突然之间,接下来的四大市场锁住涨停板。我套牢在与趋势相反的部位中,而且市场波动得很厉害。我赔掉了商品投资资金的两倍。

**你还能回来再操作,真不可思议。**

在商品大赔的人会认为,当初只要反其道而行,他们就可以大赚。这正是使他们东山再起的原因。这事当然激起我的兴趣,此后我便一直沉迷其中。

**有哪些市场你认为风险太高而不适合操作?**

我不操作橙汁。很多市场我甚至连考虑都不考虑。

**为了风险管理的理由,而不是只因你不喜欢它们?**

橙汁是其一。

## 第五章　管理风险

**因为流动性低？**

是的。

**严寒季节呢？**

是的，我不操作原木是因为交投清淡，而且在你进入某个走势时波动很大。我不操作取暖油，是因为它受气候动向影响太大。如果我操作能源商品，我宁可操作汽油或原油。

我不操作活牛，是因为十年来能靠操作活牛赚到钱的次数太少，至少用我的方法是如此。

**猪腩呢？**

我喜欢猪腩。我操作猪腩和活猪的唯一理由，在于"交易人承诺"资料是这些市场主要和中线走势的绝佳指标。这件事很突出。6月间"毛猪及幼猪报告"发表前三天，我就在两个市场都得到买进讯号，而且后来的走势都很惊人。这是典型的现象。以前当你看到承诺资料时，在这两个市场采取行动通常为时已晚。走势早已发动。现在我们是在三天内拿到报告，即时性很强。

**由于你最大的亏损是500美元，所以操作标准普尔指数就很不适当，对不对？**

我认为标准普尔指数是和期货市场其他商品完全不同的怪兽。对于它，我使用截然不同的操作方法。我用500美元的停损金额操作NYFE不会有任何问题，但你必须愿意承受500美元以上的亏损去操作标准普尔指数，除非你是当日冲销交易人。

**你的意思是说，要么愿意承受500美元以上的亏损，否则就不要操作？**

是的，我用较大的停损金额去操作它。

**显然你不害怕将有报告出炉，因为你刚刚谈过，曾经根据"交易人承诺"数字，而在毛猪养殖报告发表前买进。**

我有些最好的交易是在报告发表前做的。刚刚我只谈了活猪和猪腩的例子。谷物市场1992年的底部是在收成报告发表之前出现。我在报告发表之前整整三个星期，就从承诺资料得到谷物市场的买进讯号。当我开始见到讯号，我会密切注意什么事情将激发实际的走势。我最喜欢的激发因素

## 攻守四大战技

之一就是报告。1992年,我预测底部将在报告发表那一天出现。我也预测那是个大底部,事后证明果然如此。实际的底部在报告发表前一天出现。如果我从聪明人的资金流向得到强烈的证据,显示报告将撼动市场,那么我喜欢在报告发表之前操作。

### 菲丽丝·卡恩

菲丽丝·卡恩是《甘氏角度》新闻信的主编。她使用甘氏方法,设法事先预测转折点。

**菲丽丝,你的操作风格中,风险管理重要吗?**

在迅速认赔和放手让利润自行发展那里,我已谈过风险管理。你没办法把它与保护性停损点分离。不管是起始停损点,还是尾随停损点,都是为了保护获利。这一方面,我并没有复杂的方法。

**这么说,你管理风险的主要成分是随时在市场中设定停损点,而且是下让你安心的停损点,然后移动尾随停损点来保护利润。**

一点没错。

**风险和本金之间的关系,对你并不重要,是吗?**

不重要,因为我通常会操作不足,而非操作过度。

**比方说,相对于账户金额操作多少部位,这样的事情,你不会去烦恼?**

我可没说这样的话。

**相对于你的账户金额,你有没有限制自己同时能够操作的市场数目?**

当然有。

**你如何决定这件事?**

我做得非常保守。我使用的方法产生的操作数目远多于我所能操作。我把精力集中在交投最热络的市场,因为可以得到好成交价。我不操作原木和橙汁等交投清淡的市场。即使操作讯号有效,在交投清淡的市场操作,我还是觉得不安。我限制自己操作四五个市场。

**是哪些市场?**

标准普尔指数、长期公债、白银、黄金和谷物。在我得到真的很好的

## 第五章 管理风险

讯号时，偶尔也操作棉花、铜、白金。我不同时操作它们。一次五个市场大约是我所能处理的最大数目。当然了，这也和账户中的本金金额有关。

**你没有提到任何货币。为什么不操作货币？**

我偶尔会操作它们。我通常很快就轧平货币的操作，因为它们一天之内的交易范围很大。在货币看到的甘氏时机交易，大部分我都会做，但一两天内就会出场。我想，外汇市场中，恐惧扮演了某种角色，但是操作货币的成果可能很好。我害怕待得太久，因为它们常常一天之内往某个方向大波动以高价收盘，隔天开盘时却往反方向大幅跳空。我一定愈来愈老了，没办法享受那样的波动。

**关于拿多少本金去冒保证金或停损金额的风险，你有没有什么经验法则？**

有的，当然有。由于我所用的进场方法，我在进场时冒的风险总是非常有限。所以说，任何时候我的未轧平部位大部分都可能赚多赔少。那些赚不了钱的操作，早就停损出场。因此问题是如何处理那些赚钱的操作。我在所有市场的所有参与活动，所冒整体风险绝不超过20%。

**你的尾随停损点所设位置，是在未实现获利不损失20%以上的地方？**

对。我宁可停损出场。如果我在积极操作的五个市场都持有部位，要是获利很大，我会比较倾向于设定很近的停损点。我不想吐回那些获利。

**对于收成报告等事情，你的看法如何？你会担心那些东西吗？**

不会。根据我的经验，不管市场正在做些什么事，出炉的报告往往与之吻合。要是不吻合，我有停损点，大不了停损出场。我根本不让它们影响我的决策。

**分散投资对你重要吗？你会不会试着选取与已有的部位不同的部位？**

根本不会这么做。操作的品质最重要。我说操作的品质是什么意思？创造我的时机指标的主要高点和低点的周期汇集一起，就有好的操作品质。

## 葛连·李恩

葛连·李恩是《期货趋势》新闻信的主编。

## 攻守四大战技

**管理风险对你有多重要？**

在许多方面，管理风险是整个程序的基石。管理风险说穿了指两件事。第一是你如何下停损点，而这又和迅速认赔有关。你务必定义一种方法，以管理你的停损点，也务必定义一种方法，好让你在操作时有某种程度的一致性。第二件事更为重要，是拥有一套全球性的计划。我发现包括我在内的赢家交易人，可能视他们的操作尤如一场游戏，但也把整件事看成是赚钱的事业。

不妨把操作想象成一种事业活动。管理风险的意思是指认清操作成本是多少。务必订好周延的计划，保留详细的纪录定义你的整体风险为何。换句话说，你有多少本金可以操作？你愿意拿多少本金去冒全部的风险？利用那个数字定义你在个别的交易上能接受多大的风险。针对潜在的操作构想，找出风险为何，然后把两者搭配起来。最后的结果有二：整个事业经营计划不是在你的风险忍受度内，就是在那之外。在那之内，便去操作，如果不是，就不要操作。

保险业里有句话："输家并没有计划要失败，他们败于没有做好计划。"这句话也很能适用于操作事业。要是你没做好适当的准备，以及没有事先规划，那就好像派幼童足球队去参加达拉斯牛仔赛。

大部分人把操作想成是表演运动，而不是严肃的事业。在某个时点成为赢家的人，已经接受它是严肃事业的层面。如果你经营某个事业，你会去管理风险。而要管理风险，就得做好计划。

**你一次愿拿多少本金去冒险，可有任何经验法则？你一次会建立多少部位？**

其实我并不烦恼这些事情，因为从来不曾超过我认为可以忍受的地步。不过我还是有个经验法则。理想上，我只愿意在任何操作冒1%的本金风险，任何类别所冒风险则不超过5%。除此之外，我并没有你所说的问题，因为大部分时候，如果你愿意把任何操作的风险压低到1%到2%之间，那么你的整体风险自然而然会受到照顾。

**你找不到够多的好机会，投入很多资金？**

没错。这和守势的观念有关。如果我不让对手（也就是账户中的亏

## 第五章 管理风险

损）得分，那么明天、下个星期、下个月、明年我还能再上场。

**你对选择市场以管理风险的看法如何？你会不会因为风险管理的理由，而剔除某些市场？**

某些情况中，我会因为流动性而这么做，但不常如此。实际上发生的事情是这些市场会自行消除。定义好停损点，这些市场就会自行消除。这不是太大的问题。

交易所中是不是有什么市场我不操作？答案是没有，要是适当的情况来临，我都会操作。交易所中是不是有任何市场我多年都没有操作？答案为是。有几个市场我没有操作，但那是因为我没看到机会，适合我的参数。

**有些人会说："不，我不操作原木，因为流动性太低，得到很糟的成交价。"但这种事不会困扰你？**

不会。不妨问问"金融怪杰"艾迪·塞柯塔有关原木的事情。一年前在一项交易人的会议上，他谈到 NFA 打电话给他，因为他们关心他在原木上建立的限制部位。他答道："我谢谢他们的关心。"之后不久，原木价格飞涨。市场价格升抵 130 时，他手上有个原木的限制多头部位。因此，只要哪里有机会，钱就往哪里走。

坏成交价的重要性和你的操作时间构架成反比。我个人的时间构架采长线。一年当中，我在大部分市场寻找一到三个好机会。我会抱丰一笔交易几个星期到五六个月之久。我会试着一年内做四十到六十笔交易。我下必太关心少数坏成交价。对于当日冲销或两三天进出一次的交易人来说，成交差价损失和交易成本的问题大得多。

**你对收成报告和严寒季节等情境风险的看法如何？你会烦恼这些事情吗？**

要是我说从没留意或注意它们，那就没说实话，但实际上我等于没注意它们。要是我所用的方法说进场，我就进场。我相信技术分析所说的事情。它应该能够反映市场中发生的事情。市场总会设法站好位置，好从各种报告中获得很大的利益。

我讨厌做的事，是抓取和某项报告发表有关的头部和底部。要是我试

## 攻守四大战技

着那么做，那就等于违背最近的趋势做抓取的动作。如果我想抓取和某项报告有关的头部和底部，我宁可等报告尘埃落定后再说。换句话说，我做这件事喜欢等到报告发表之后，而非发表之前。交易人如果喜欢看报告而操作，那么比较适合操作的机会是在报告发表之后，而非发表之前出现。它可能是个绝佳的触媒，促使市场从报告的初步反应中往反方向走。

"牛只养殖报告"是个好例子。"牛只养殖报告"有个显著的现象，那就是一两天内，市场收盘价会和报告的结果相反。如果报告利多，那么隔天或者接下来一天，活牛价格总是收低。但有一些例外的情形。我特别记得1986年或1987年的"牛只养殖报告"造成市场价格跳空上涨。走势一飞冲天而非反转。我不认为我们业已填补跳空缺口。这是报告引发走势往报告建议的方向走的例子。

报告对我而言不是个大问题。我通常在几分钟内就了解一份报告的内容，因为有人会打电话给我，问我对那份报告的看法。我的回答是："什么报告？"我没有做各项报告发布的时间表，也不很注意它们。

**你对于分散投资铁为风险管理工具的看法如何？你是否试着分散投资？**

是的，我有。在分散投资方面，我有两个特别的方式。其一是操作广泛的市场。我观察约四十个市场，而不管哪个市场都有机会出现，我都会去操作，同时像前面所说的，限制我在任何市场的暴险程度。

我分散投资的另一种方式是用几种不同的方法操作。这么一来，像1989年那种没有趋势的年头，套牢其中的风险可以降低。在趋势强烈的年头，它会稍微限制获利，但也保护你不致大赔。我所用的方式是某些交易范围方法。有些人可能称此为抓取头部和底部，但我认为是在市场告诉我头部或底部已经出现之后尽快加以反应。我不会建议大部分人用这种方法去操作，除非他们晓得自己的纪律、自己的资金管理准则，也必须等到他们把那些情况中的机会定义得非常好之后才能尝试。

要是有人想找到一种基础，把所有这些凑集起来，那么他们每天早上照镜子的时候都看得到。追根究底，他们必须能够遵守自己的准则。即使你建立了自己的准则，但如不能严格遵守，那些准则终归无效。大部分人

第五章　管理风险

应该定义比较简单的准则，而不是复杂的准则，因为简单的准则比复杂的准则容易遵守。这是管理风险和管理整个操作程序的关键。

## 杰克·伯恩斯坦

杰克·伯恩斯坦写了27本书谈操作，每周发行的市场新闻信已有20余年的历史。

**杰克，管理风险在你的操作风格中有多重要？**

关于管理风险，我所认为的重要事情是大部分都可归于迅速认赔项目。管理风险的另一个重要层面是投资组合要平衡。别把你所有的精力注入某个特定的市场。投资组合中操作的市场数目应该介于六到十五个，而且它们没有紧密相关。分散投资本质上可以帮助你管理风险。

**你是不是有从亏损、保证金或其他类似的量数，限制你的账户投入市场的金额？**

限制个别操作的损失不得超过账户金额的一定百分率，如1%到5%，这样的做法没有什么不好。

**那么你一次操作多少部位？**

建立缓冲区很重要。要是你的账户金额是20 000美元，那么不妨拿其中约半数作为保证金操作。假设你的账户金额为20 000美元，则拿10 000美元去操作，其余10 000美元留做准备。除了标准普尔指数，一般保证金是每个合约1500美元到2000美元左右。因此你大约可以操作五个部位。

**作为风险管理工具，你觉得慎选市场和不操作某些市场的做法如何？为了管理风险，你会剔除某些市场不予考虑吗？**

会的。有一件事我一直感到很惊讶，特别是在过去十年，那就是很多交易人沉迷于标准普尔指数。它是个很美妙的市场没错。它会波动，而且每档跳动的金额很大。可是绝大部分的操作系统操作标准普尔指数都失灵。交易人即使没了资金，还是一直想操作它。如果他们没资金，他们会说："好吧，如果我的账户金额太少，没办法持有部位过夜，那我就做当日冲销。"大部分人不应该操作标准普尔指数，因为不可能操作成功。

有些市场的性质奇特，应该剔除。有些市场不好操作，可以把它们排

## 攻守四大战技

除在外。它们的交投过于清淡，进出时很难得到好成交价。

**哪些市场是这个样子？**

我所说的是你根本不想用市价单的市场。比方说，每隔一天，钯市场才跳动七次。至于原木，过去几个月来，它几乎每隔一天就涨停板或跌停板。大部分人难以承受那种热度。

**你是不是有最低的流动性、成交量或未轧平部位要求，才肯操作某个市场？**

我希望每天至少有1500档一成交量。

**收成报告和严寒季节等情境风险，你的看法如何？你会注意它们吗？**

不会。年轻的时候我会，但现在我相信自己的方法足以使我摆脱麻烦。在大部分报告出炉的时候，它应该能让我站在市场正确的一边。

当然了，举例来说，假如我做当日冲销，而且晓得本周稍后联邦准备理事会要开会，对于利率走势做一判断，那么我会注意这个报告。在报告发布那一天进入市场的当日冲销操作者，将预期市场的波动会加剧。你可以研判自己的操作系统在这样的一天可能失灵。所以你必须事先做好决定："那一天我不操作。"

**因为那比较像是赌博，而不是用脑筋的操作？**

一点没错。我能不能在这里谈点欧洲市场的事情？

**没问题。**

我不认为大部分交易人都认识欧洲市场，特别是LIFFE交易所和巴黎的Matif。它们是很好的市场。我真的发自内心说它们很好。它们有一致性很强的趋势，中间很少被打断。许多传统的时机指标用在它们那里，技术面运作得似乎很好。图形形态很不错，而且流动性高。

操作这些市场有两个不利的地方。第一，交易时间不方便；第二，为了计算你赚赔多少，也必须考虑汇率因素。

不过一些欧洲市场为趋势追随者提供很好的机会。看一眼它们，你就会发现它们的趋势非常漂亮。以后会不会继续这样，我不知道，但我觉得和美国市场相比，它们比较容易操作。

**实务上，你操作它们的方式是不是相同？营业员操作它们的方式是不**

## 第五章 管理风险

是和在美国相同？

举个例子给你听。今天义大利债券市场以 109.85 开盘，高价是 109.90，低价是 108.50，收盘价是 109.78。只要拿起电话，给你的营业员一张单子。事情就这么简单。

他们收取的手续费是不是相同？

手续费比较高。

高多少？

看你在哪里操作而定。可能高 20% 到 40%，但可以议价。

汇率如何处理？货币换来换去，有没有另外收费？

全部是自动兑换。

这么说，你的获利在你的账户中以美元出现？

没错。再举个例子给你听。在 LIFFE 交易的德国利率期货 GermanBund，1 月间是 101.21，3 月 2 日跌到 93.55 的低点。就金额来说，这段波动幅度很大。我不确切知道金额到底是多少，但肯定高达数万美元之谱。

就几乎所有的指标来说，那段走势非常完美。它们在正确的时间做头，也在正确的时间见底。它们在正确的时间发出加码放空的讯号。波动相当充分，因此你的部位不会因为激烈的空头市场反弹而被洗出场。走势规模适合操作。那段走势的每一件事情都十分完美。

成败的许多要素都和你操作的市场类型有关。在比较有趋势性的市场中，追踪趋势和让利润自行发展较为容易。

回折次数愈少愈好。是不是有历史性的价格资料可用来测试？

是有一些历史性的价格资料可用。

在哪里？

LIFFE 交易所本身就有。他们很积极地招揽新生意，非常乐意提供资料让人回溯测试。

他们是不是拿电脑磁片给你？

是的。他们最近寄发传单给商品操作顾问，问他们要不要若干合约的资料。你只要寄回回函卡，他们就会给你磁片。我不晓得他们是不是还这

**攻守四大战技**

么做。

那里的趋势尤如神话,难怪相当多基金经理人已经舍美国市场而去,开始积极操作那些市场。

## 汤姆·艾斯普雷

汤姆·艾斯普雷是电脑化技术分析的开路先锋,目前着重的领域是外汇交易,特别是在即期市场。

**汤姆,管理风险对你的操作风格有多重要?**

相当重要。我在美国和海外都教过许多年,训练过很多外汇交易员,有时他们不像其他专业人士那样善于管理风险。

我会观察一笔交易的报酬与风险比率。最低限度我希望看到3:1的比率。要是我做对,我希望获利潜力是起始风险的三到四倍。不管我看两到三天、两到三周、两到三个月的走势,都这么做。

很明显的,不管你如何操作,都会蒙受一些亏损。不过一些大亏损将使大部分交易人万劫不复,包括公共和机构交易人在内。我看过交易人在银行的帐簿。要是他们能够每个月缩手不做一两笔交易,而这些交易是他们冥顽不灵、没有管理好风险,或者并没有事先设定明确的出场参数,那么他们的表现会好很多。

**你的部位规模相对于总本金的比率为何?你会注意这种事情吗?**

是的,我会注意,但是下会限定在账户金额的一定百分率。我主要在即期市场操作。我的一般规模部位是我的操作能力的1/5左右。以起始停损点来看的风险,占可用资金的比率相当低。不过我真的不会限定在特定的数字。

**保证金在即期市场如何运作?**

看你的往来银行而定。你通常得缴5%到10%的保证金。

**因此和期货很像?**

是的,和期货非常类似。在你使用停损点的方法上有差别,因为你看的是进价和出价。一天二十四小时交易的外汇市场流动性很高。

**在风险特别高的时期退场观望,你认为是不是很重要?**

# 第五章　管理风险

显然如此。

**例如哪些时期？**

在经济报告要发表的时候，我的技术讯号比较不可靠。假设我在亚洲的交易时间建立一个部位，并持有到纽约开盘之前的欧洲交易时间。要是即将有经济报告发表，而且我的部位没有表现得很好，或者我的讯号不是很强，一般来说，我不会冒险一赌，抱牢部位直到报告发表。我会马上出场。

如果每个人至少50%的时间缩手不操作，他们的表现会好很多。任何人只要建立了部位，隔一天发现自己尤如白痴，就应该做点别的事情，例如云打高尔夫球。我们都有过度操作的倾向。你用愈多过滤因素去思考为什么自己不应操作，你的表现可能愈好。

**你会不会因为某些市场的风险太高而避开它们？**

我主要在即期外汇市场操作。市场的流动性愈高，你的成功程度愈高。大部分人应避开标准普尔指数。许多大型基金经理人很少操作标准普尔指数。虽然它是个很有魅力的市场，我却见到许多人操作标准普尔指数而被烧伤。

**你有没有用到其他任何风险管理技巧？**

用手画图，更新我的图形，可能是一种比较模糊或间接的风险管理技巧。这么做，你对风险会有更好的感觉。用手画东西，你会更充分面对市场每天对你的部位所做的事。

## 麦可·齐积

麦可·齐积是《金牛座》新闻信的主编，发行迄今已有20年。

**麦可，风险管理对操作成功有多重要？**

对所有大小型交易人来说它真的很重要。偶尔和我谈过的一些大型交易人，管理风险比小型交易人困难。多年来，我注意到当我的账户金额偏低时，我会十分小心谨慎地呵护它，像只老鹰般盯着它。当我的账户金额变多时，便会养成一种吊儿郎当的习惯，因为我正在赚钱，有了利润，比较放心，不再那么密切地盯著它。这是很愚蠢的做法。

## 攻守四大战技

**你如何管理风险？**

我限制任何交易的起始风险不超过可用资金的5%。测试的时候，我找的是用我的方法运作得最好而且起始风险合理的商品。

目前我自己账户的投资组合有十二种商品。我相信大部分交易人如果自行构建固定的投资组合，并维持不变，会得到最好的果实。我们很容易受诱改变投资组合。

假设有位交易人拥有十二种商品，不管是历史性的测试，还是即时的操作，都显示将对他最有利。但是突然之间，他注意到新闻报导说，橙汁将狂涨。橙汁不在他的十二种商品之中。要是我的账户有利润，我可能放手冒险买进一两口合约，但不会大力操作。我试着抗拒那样的事情，因为我相信如果想要成为成功的交易人，纪律很重要。我设法尽可能维持基本的投资组合不变。

以往在利润累增时，我可能添加操作两三种新商品。接着我会踏进获利商品的第二级，它们并不像投资组合中表现最好的商品那么亮丽。事后检讨，我不再认为那是正确的方法。现在我的做法是增加相同投资组合中每种商品的合约数目。

对所有交易人来说，另一件重要的事情，是分散投资各种商品和类别。我试着拥有一种谷物、一种肉类、两种食品、一种油品、货币和金融商品——光谱很广。我晓得有些人只操作谷物或者只操作肉类，其他什么都不操作。集中在某种类别，我相信他会在那个特定的领域更为拿手，但往往会有个假讯号影响整个类别，使交易人严重受伤。

当然了，债券和股价指数，或者货币和金属之间可能有相关性，但我相信如果你分散投资不同的类别和不同的商品，就比较不可能遭受大赔损。我设法尽可能分散投资。

资金管理一个重要的心理层面，是晓得何时从你的账户中拿出获利。你应该花掉一点利润，而不是让钱无限期留在账户里。多年来，这件事对我很重要。我偶尔会把钱提出来，去度个假或买辆新车。从行为学家的观点来说（麦可受过心理学的专业训练），这让人感受到获得奖赏，在意识面和潜意识面都有激励作用。

## 第五章　管理风险

**关于你的投资组合中所选的十二个市场，你如何决定十二这个数字？对投资组合的规模来说，十二这个数字有什么魔力吗？**

我只是随便举出这个数字。当我的账户金额因为提款缴税等各种原因而减低时，我可能使用八个市场的投资组合。有些时候会提高到十四个市场。

**你选的数目和账户金额有某种关系。你用什么公式来决定？**

那是靠经验得出来的。我会看自己有多少钱、需要多少保证金以及一种商品多年来的历史性平均风险。

**赔损属于历史性风险？**

是的。我并没有一套公式用在它上面。我测试各种数字，直到得出看起来很合适的组合。

**你会不会因为风险的考量而剔除某些商品不操作？**

标准普尔指数是其一。用我的方法操作标准普尔指数，我所知唯一的方式是在距起始进场点约 10 000 美元的地方设停损。我也放弃咖啡豆。

**为什么？**

过去十年来，我的方法显示相对于潜在获利，金额风险高得不成比例。

**那是因为你必须把停损点设得太远，和标准普尔指数一样？**

是的。也因为市场交投清淡，波动因此太大，以及基本面的不确定性很高。用我的方法操作可可豆的效果不太好。

**那不是为了管理风险，而是出于绩效上的考量。**

没错。

**橙汁呢？你愿意操作橙汁吗？有些人不喜欢它。**

是的，我有操作橙汁。多年来，操作橙汁有获利。由于某种理由，我的系统似乎喜欢橙汁，橙汁也似乎喜欢我的系统。

**原木呢？**

以前操作过原木，但由于风险和绩效上的理由，现在已有一年左右没有操作。

**收成报告和严寒季节等情境风险，你的看法如何？你有注意这些事**

攻守四大战技

情吗？

除了心里面的影响不曾注意。我观察过以前在报告发表前后做的一些交易，发现报告往往对我的部位有利。因此，虽然我可能畏缩，晓得一份即将发表的报告可能把我切成碎片，我还是不管哪些报告就要发表，只管用机械式的方法操作我的系统。

**你是否不愿在严寒季节放空橙汁？或者纯粹跟着你的系统去走？**

我跟着系统走。我有信心，相信我的系统会善尽职责，准确地反映基本面。

## 鲍伯·裘伯

鲍伯·裘伯是《明日商品》新闻信的主编。很少顾问服务业者像他那样不设热线电话。

**管理风险在你的操作风格中有多重要？**

那是关键所在。管理风险，你才能维持高昂的信心，并且保持操作潜力。要是本钱都输掉了，你就没办法再操作。要是你弹指间赔掉50%，你的信心会大幅滑落。你也有可能那时立即放弃操作。你必须存活下去，等候运气上门，好抓到一段大走势。

如果你每冒1美元的风险，至少追求2美元的利润，而且成功机率接近50%，同时2美元的报酬每隔一段时间就出现，那么你会赚钱。你将跻身10%赚钱的交易人之列，而不是那90%不赚钱的交易人。

要是你不能管理自己的风险，你就不会待在那里太久。如果你有10 000美元的账户，在咖啡豆大涨之前放空咖啡豆，而且你忘了出场，那么一笔交易就会赔掉10 000美元。管理风险是这场游戏的守势面。攻势面则是放手让利润自行发展。利用停损点和迅速认赔属于管理风险。

**你曾建议10 000美元的账户，每笔交易所冒风险为1000美元。要是你的账户金额为20 000美元，不是10 000美元，你还是每口合约冒1000美元的风险，或者现在会操作两口合约？**

我会操作两口合约，各冒1000美元的风险。

**一笔交易冒10%的风险令你放心？**

## 第五章 管理风险

对。

**而且你不担心连赔七次。**

不担心。20年来,我只碰到那种情形两次。当它发生时,那是非常不幸的事。但是10%的时候才发生的事,你没办法去烦恼。20年里两次便是10%。我从来不曾担心连赔七次。我并不是说它不会再发生。我会再发行十年的新闻信,而未来十年内,那种事情有可能发生。但那样的事情我不会去烦恼。

**所以你管理风险的原则方法,是每笔交易的冒险金额不超过1000美元,而且永远试着获得至少2000美元的利润。**

在我忙着写新闻信,没办法找到那样的交易时,我会去找个人最喜欢的交易,设定一个会制造2000美元利润的进场点。一年里头约有两三次,我会落入那种状况,必须以限价单买进某样东西。

**以分散投资作为风险管理工具,你的看法如何?如果你手头上有一种谷物和一种金属,而且正寻找新的交易机会,你会设法避开谷物和金属吗?**

会的。有些领域我比较有信心。我对谷物的信心远高于金属。但是如果我已经拥有一种谷物,我会改为操作我喜欢的肉类。要是我已有肉类、谷物、咖啡豆和糖,就不会去看可可豆或棉花。有许多市场彼此相互影响。我试着确保自己不要涉足太多相关的市场,因为它们会一起下跌,或者在我们放空时一起飞涨。

**所以说,分散投资对你很重要。**

喔,是的。这就好像目前的狂热,人们一窝蜂地把所有的钱从定期存单提领出来,转入共同基金。如果股票市场开始下滑,我会去放空,因为恐怕会发生恐慌性卖压。

**你对收成报告和严寒季节等情境风险的看法如何?你会担心那些事情提高你的风险,或者置之不理?**

不,在它们将要发表的时候,我会注意它们。我会估计它们能对我做些什么事,或者不能做什么事。要是我对某项报告真的很紧张,我会把停损点拉近。或者如果我正考虑买进第二口合约,我很少会在报告发表前执

173

## 攻守四大战技

行，因为要是我错了，我的暴险水准会倍增。我采取这种保守的做法，但不刻意回避它们。

**你会因为某些市场的风险太高，而乾脆避开它们吗？哪些市场属于这种情形？**

我会避开一些市场，因为它们的风险太高。有些市场我并不了解，也没有去了解的意愿。我想不透为什么在可以交易美国债券时，要去看欧洲债券。有些市场我喜欢，但会避开它们，原因无它，因为在一年的某些时期交投不足。橙汁和原木有时如此。

我已经开始注意稻米市场，但还没有实际操作。我正在观察图形，希望培养出某种感觉。我会打电话要来一些资料，以便着手研究某个新的领域。由于中国的力量日益强大，稻米会成为一个市场，人们会慢慢增加交易。

**你会注意未轧平部位合约数量或成交量吗？**

两者都注意。

**你对流动性设定的最低门槛为何？**

这是个好问题。我并没有特定的要求。我根据记忆中一年来的情形观察每个市场。

## 杰克·史瓦格

杰克·史瓦格是保德信证券公司的期货研究及操作策略部门主管。他也是商品资金管理公司怪杰操作公司的合伙人之一以及《金融怪杰》（寰宇出版公司译行，编号寰宇财金15-16）和《新金融怪杰》（寰宇出版公司译行，编号寰宇财金22-23）两本书的作者。

**杰克，风险管理在你的操作中有多重要？**

管理风险和迅速认赔很像。这件事不可或缺，否则你注定会失败。每个人最后都会犯错，而如果你没办法管理风险，一次致命的错误可以使账户本金一扫而光。

你需要某种策略。管理风险不只限制每笔交易的亏损，也可以运用杠杆，把赔损限定在你认为能够忍受的范围内。你应该避免过度操作，大部

## 第五章　管理风险

分新手也常犯这种共同的错误。

**你操作高额账户的方式，是每一样东西即系统和市场。大量分散投资，对不对？**

大量分散投资是可行的做法。

**金额较低的账户没办法那么做，如何分散投资于不同的市场以管理风险？这件事重要吗？**

重要。分散投资的学派不少，我遵奉的学派说愈多愈好。有人不同意这种看法。小额账户应该尽可能分散投资很多市场。

**某些市场天生风险太高，为了管理风险而不去操作这些市场，你的看法如何？**

是的，确有其事。如果账户金额够多，你会希望操作每一样东西，除非基于某种理由，你相信自己发展出的方法不适用于某些市场。那属例外情形。

另一个例子是账户金额较低的交易人，没有足够的资金操作某些市场。这和那些市场波动太大而避开它们无关。无法操作这些市场的原因，在于有意义的最近停损点产生的损失远超过明智的风险忍受程度。比方说，标准普尔指数是波动相当激烈的合约。我认为，对几乎所有的方法来说，300 点是标准普尔指数的最低停损点。这合 1500 美元，也是收盘停损点。如果账户真的无法承受任何一笔交易出现 750 美元到 1000 美元以上的损失，你就不能操作标准普尔指数。对你的风险忍受度来说，那样的金额太高了。

**流动性偏低的市场如何？它们的风险不是因此比较高，最好不要去操作？**

对大部分人来说，这件事无关紧要，因为一个人操作两口合约不会有差别。几乎任何市场的流动性都够高，除非是很难交易的市场。即使原木市场也非如此。要是你操作的金额高达 5000 万美元，则原木的交投会显得太清淡，不好操作。但是对个别交易人而言，那不会有什么差别。

**即使未轧平部位合约数低于 3000 口，对一口合约的交易人来说，那也不是问题？**

## 攻守四大战技

我不这么认为。只要每天的交易量平均有 500 口，一两口合约的单子也可以安然无事。要是你想一次操作 100 口合约，那就会成问题。

**相对于你的账户金额，你会建立最高多大的部位或多少部位数目？这事对风险的管理重要吗？**

我觉得重要，但不认为应该用最高的数目来衡量。这件事应该用某种风险量数来衡量。简而言之，你不应该说，依你的账户金额来看，最多只操作四口长期公债合约。你可能会看市况而想操作四口长期公债。如果市场的波动性高得多，你可能希望限制为两口。如果市场的波动性低得多，你可能会操作八口。你想要有某个标准数字，但那个数字应该依市场的波动性而变动。

**有些人说，任何时候他们都不想拿 50% 以上的账户金额当保证金去操作。**

保证金是非常粗略的风险衡量方式。我不会使用保证金。我看的量数直接使用到市场的波动性，不管你如何定义波动性。

**要是如你所说，任何一笔交易你所冒风险不超过账户金额的 3%，那么只要你操作的是一口合约的部位，就相当难过度操作。**

是的。

**但是如果账户金额低，冒险百分率可能较高，则交易人必须更为小心谨慎地面对自己承受的总风险。**

我同意这个说法。但是保证金和我愿意冒的真正风险之间的关系，可能没有那么强。还有比保证金好很多的风险量数。但是总部位不超过某个百分率的保证金，是种便捷的权宜之计。

**如果不希望账户的总金额风险高于账户金额的某个百分率，这种做法如何？**

不错。你可以累积计算所有的部位，得出一个风险管理量数，相对于账户的总金额不超过某个数目。

**对于这件事，你有没有速算估计法？**

这要看你用什么量数去定义风险。我不想一清二楚地透露我到底是怎么做的。

# 第五章　管理风险

**收成报告和严寒季节等情景风险，你的看法如何？小额交易人应该烦恼这种事吗？**

在某种程度内应该。你不必刻意在报告即将发表时避免建立部位。许多情况中，那么做会使你错失一些最好的走势。你必须知道的事是哪些报告特别重要。拿橙汁为例来说，它不是个大市场，却是个好例子，如下所述。

我要谈的是橙汁的"10月作物生产报告"。在这个市场交易的27年内，曾有21次在那个报告发表之后出现停板走势。许多情况中，停板走势都是接二连三出现。不愿意冒一个停板以上风险的人，在"10月作物生产报告"发表之前必须放弃建立橙汁部位。你必须知道那些报告会带来激烈的走势。他们可能应该避而远之。定期性的作物报告属于这一类。大部分情况中，你应该愿意承受那样的风险。

晓得操作的四人原则是一回事，但能够一以贯之遵循不悖是另一回事。下一章要谈期货操作心理的重要原则。

# 第六章
# 心理面

长篇大论详述成功操作计划的基本要素之后，现在正好来谈谈为什么交易人有了计划，却因为未能遵守计划，操作仍然失败的原因。

我们应该先讨论计划这个概念。很少交易人真的拥有计划以供起步。这种情况下，是成是败要看运气。他们没办法知道自己所用的方法用到操作决策上能不能赚到钱。要确定这件事，唯一的方法是做广泛的历史检测，或在即时操作时做广泛的检测。但是如果没有计划、没有准则、没有特定的事物，将没有可供检测的东西。我们将没办法从错误中学习，因为没办法晓得是什么因素构成错误。

这并不是说，没有计划就赚不到钱。在交易人做错大部分事情，只做对一些事情的情况下，长期而言，还是有可能因为运气好而赚进可观的利润，并大肆向人吹嘘。这是迈向成功的主要绊脚石之一。在你操作不正确的时候，市场并非每次都会惩罚你。在你操作正确的时候，市场并非每次都会给予奖赏。因此要学习什么事是对的，什么事是错的，困难许多。但是如果你用的是赔钱的方法，最后你会把钱赔掉。操作得愈多，赔得愈多。要是你运气欠佳，很快就会把宝贵的资金赔光。

大部分交易人没有拟定计划是因为懒惰。大家日子过得很忙，人人都在寻找捷径。假使不必努力工作，大部分人都不会努力工作。拟定明确的书面操作计划做起来很辛苦。测试计划中的构想做起来非常辛苦。这些事

## 攻守四大战技

情不特别费脑力,却要花时间。做得愈多,做起来愈简单,但是大部分人从来不会想要去尝试。他们很懒,希望不太费吹灰之力就能做得很好。这是不切实际的想法。生命中每一件值得追求的事情都需要相当多的努力。很少有一夜成功的故事。商品期货操作也不例外。

不做计划的另一个可能原因,是交易人不晓得他需要计划,或者他可能不够聪明,没办法学习如何拟定一个赢家计划。我怀疑后者不适用于大部分人,因为有关的观念不是那么伤脑筋。如果你认为自己很笨,那么不要尝试自己操作。不妨找出让你怀有信心,但不需要你亲自投入的方法,例如请专业资金管理人代劳。

拟定操作计划不表示你得从一片空白建立起自己的系统。你可以使用别人的操作系统。像我就有把操作个人资金的操作系统和电脑软件提供给顾客使用。但即使你要用我的系统和软件,你还是必须决定要投入多少资金以及操作哪些市场。

没有计划的其他可能原因包括夜郎自大和抱持一厢情愿的想法。一个人可能知道他需要计划才能成功,但认为自己很聪明,可以是例外的个案。或许吧,但我很怀疑。一厢情愿的想法和懒惰密不可分。如果你靠一厢情愿的想法去操作,那么成败取决于运气好坏。

假设你有个明确的操作计划,如果持之以恒贯彻实施,渴望带来利润,你还是没有得到必定获利的保证。偏离计划的诱惑太大了。

人们偏离计划的一大心理原因在于放手一赌的欲望。对于这件事,我不做价值判断。如果人们想赌博,那全在于个人的抉择,但是赔钱的时候千万不要感到惊讶。虽然期货操作的过程看起来有强烈的赌博色彩,大部分成功的交易人却很讨厌赌博。我和很多人谈过,他们同意我的看法,也就是不管在什么情况下都不想放手一赌。许多商品操作专题研讨会都在拉斯维加斯举行。大部分成功的交易人整个周末可以在赌场闲逛,但从来不下注。

虽然我不是赌博心理的专家,但我知道专家相信冲动性的赌博往往和童年的经验有关。这些赌徒的家庭经常习于冲动性赌博或酗酒。他们的父母可能非常愤世嫉俗或者好发议论。赌博狂热是为了赚得大钱,好向父母

## 第六章　心理面

和其他每个人炫耀，相信他们是有价值的人。

强烈的赌博欲望可能来自长大成人的过程中，被教育得竞争企图心很强。它可能来自父母过度强调金钱相对于其他事物的价值，以为如此生活才能获得幸福。最后，赌博或可弥补童年时期重大的身体或发展上的问题。

如果以上所述任何一点拨动了你的心弦，那么你应该想想自己是不是视操作为一座大赌场。果真如此，那么在自己赚不到钱的时候，不要太惊讶。

假设你已跨过门槛，拟妥经得起考验的书面操作计划，而且你不是赌徒，那么还有没有其他的理由，可能让你无法照计划去做？虽然有点像是陈词滥调，但最有可能现身的两个祸首的确是恐惧和贪婪。

我所说的恐惧是指恐惧赔钱。这是过份讨厌风险造成的。马克·道格拉斯所著《严守纪律的交易人》（1990年）一书，谈操作中的恐惧成分讲得十分出色。

我最喜欢的一句商品操作名言来自该书。道格拉斯说："大部分人喜欢自认为冒险犯难者，但他们实际上所要的是获有保证的结果，其中有若干短暂的悬疑，让他们觉得好像结果未定。短暂的悬疑增添了必要的激情因素，让我们的生活不致于变得太无聊。"

大部分出于恐惧的决策，都来自害怕赔钱，但其中也有不想犯错的成分在内。业余交易人把赔钱的操作和做出错误（愚蠢）的决策画上等号。专业人士晓得即使最好的决策也往往赔钱，因此你必须把赔钱和自尊分离开来。真正愚蠢的决策是不计操作后果，不照你的计划去做。

恐惧可以用多种方式让你偏离自己的操作计划。你可能放弃计划发出的讯号而不去操作，因为你担心计划失灵。原因也许出在你对市场未来可能的走向抱持反向意见，或者你的系统刚刚连赔五次，对它失去信心。

恐惧可以让你忽视或推翻操作计划发出的出场讯号。你可能在计划告诉你之前就退出一笔交易，或者在计划告诉你应该出场时没有出场。恐惧亏损的心理会造成这两种形态的错误。你可能持有一笔赔钱的交易太久，因为你认为自己无法"承受"那么大的亏损。（这种说法没有意义，因为

## 攻守四大战技

不管怎么说，你已经有了那么大的损失，可是许多交易人还是如此认为。）你可能在触抵停损点之前就退出一笔赔钱的交易，因为害怕亏损比现在还大。你可能太早退出赚钱的交易，因为担心利润转为亏损。

每个人都害怕赔钱。这是凡人自然的情绪，永远没办法完全消除。关键在于好好控制它，不让它驱使你放弃赚钱的计划。能够控制恐惧之心的人，会有正确的风险嫌恶度，可以操作期货。你可以靠经验学会处理和操作有关的恐惧心，和你学习控制生命中其他令人恐惧的事物相同。如果你的风险嫌恶门槛很低，以致于恐惧压倒了你的纪律，便永远没办法前后一致地执行计划，这时根本不应该操作。

另一个容易犯的错误，是操作模式没有发出讯号就进行一笔交易。在这里作祟的情绪是贪婪，但真正的祸首在于你不顾模式，发展出自己对某一情势的看法。你认为那里有获利机会，可是你所用的准则并没有要你采取行动。

人们认为自己比操作模式高一等，纯粹是夜郎自大的心理在作祟。请参阅杰克·史瓦格所著《新金融怪杰》（HarperBusiness 出版，1992 年，寰宇出版公司译行，编号寰宇财金 22-23）一书中谈威廉·艾克哈特的一章。

这不表示你绝不能修正操作计划。但千万不要因为对市场有了某种意见就去做这种事。要做这种事，经测试后，你的新模式比旧模式要好，才能去做。

《以古典图形形态操作商品期货》（AdvancedTardingSeminars 出版，1990 年）的作者彼得·布朗特，非常清楚意见和部位之间的分歧。他说："我们扮演的角色是建立部位而不是提出意见。"同样的，永远不要请教别人提供意见。如果你真要问，那就问他们建立了什么部位。

大部分经验丰富的交易人会说，操作的心理层面比进出场重要得多。但是我们很难用复杂的方式调适自己的心理。那么我们如何培养必要的耐性和纪律，以便遵照证明可行、经得起测试的计划去做？一个好方法是同意这个说法：独立于计划之外拥有自己的意见，是最具杀伤力的事情。

摆脱任何意见，便能放手照准则去做。这是摇身而为成功交易人之道。

## 第六章　心理面

以上谈到获利操作的关键层面。现在就来汇总整理一下你已经学到的东西。

# 第七章
# 汇总与结论

十年来，商品操作文献和电脑软件爆炸性成长，已使商品操作显得复杂和困难。事实上，好的操作没有像表面上看到的那么复杂。你可以把成功的操作归纳为四大原则：①顺势操作；②迅速认赔；③放手让利润自行发展；④管理风险。任何成功的操作方法必然以某种方式包含上述每一原则。

请注意，预测市场不在四大原则之内。那是所有新进交易人犯下的最大错误。他们认为成功的关键在于预测市场。不过我有话对你说。市场是无法预测的。幸好不像外表所看的那样，操作时你不需要靠预测市场才能赚到钱。五年来我年年操作得极好，可是对于市场明天、下个星期、下个月或明年会怎么走，我一点概念也没有。

数学分析显示，大部分商品市场中，价格主要是随机波动，只含有一点小小的趋势成分。交易人是靠这个趋势成分取得长期的统计优势，进而转化为利润。但是为了善用趋势成分，你必须顺势操作。

趋势只在特定的时间构架内才有意义。想要顺势操作，你必须知道自己的时间构架为何。接着你必须拥有一种方法，找出那个时间构架内的趋势。建立时间构架的一种方法，是根据你所用的价格走势图的长度。可能的时间构架有盘中、日、周、月。有些交易人综合两种或更多种时间构架。

## 攻守四大战技

选择时间构架时，一个重要的变数是你想要承受的风险水准。大致来说，时间构架愈长，每笔交易必要的风险水准愈高。

书中介绍的专家选了许多种不同的时间构架，而且拥有很多确认趋势的不同方法，如图形形态、数学指标（移动平均线、随机指标、动能、趋向变动指数、相对强弱指数等）、季节性图形、趋势线、艾略特波浪形态、周期。从他们的谈话中，可以找出一个共同的主轴，那就是不管你用什么方法，都应该非常精确地定义趋势何时上扬、下跌或横向整理（走势不定）。

严格的说，迅速认赔是管理风险的要素之一。由于对成功的操作来说，它很重要，所以我另成一原则。每位成功的交易人都晓得，万一某笔交易失利，如何迅速认赔的决定，必须是每笔交易的操作选择程序的要素。

书内的专家有无数的迅速认赔方法，包括图形停损点、指标停损点、进场方法停损点、波动停损点、资金管理停损点、保证金停损点、账户本金停损点。你选用的方法和你本身的操作个性以及你用来进场操作的方法有关。

各种操作决策中最困难的一个，是何时进场操作以求获利。大部分胸怀壮志的交易人把几乎所有的时间用在研究进场方法上。这可能是因为他们相信近乎完美的进场可以弥补其他领域的缺憾。由于近乎完美的进场只有在事后来看才有可能，所以经验丰富的交易人最不重视进场。

这些专家放手让利润自行发展的方法，和迅速认赔一样多。我把它们分成以下几类：尾随停损点、利润目标、进场反转讯号。最常用的是尾随停损点。尾随停损点方法根据的是各种指标、波动性、图形形态和金额。有人说，放手让利润自行发展在他们的操作风格中不重要，有人则多种方法兼容并蓄。

以往的商品操作文献经常把我所说的风险管理称作"资金管理"。我认为风险管理一词比较能够精确地描述这些观念。

关于期货操作的风险，一般人误解甚多。其实期货操作的风险和你想要成功一样高。虽然你没办法把每一笔交易的风险控制得很精确，却能轻

## 第七章　汇总与结论

而易举地确定一年内的整体风险水准。问题是：你能控制自己吗？

最重要的风险控制方法是使用起始保护停损点。其他的方法还包括不操作某些市场、不在一些危险的时期操作、限制一次操作的市场和合约数目，以及分散投资多个市场和采用多种不同的方法。虽然所有的专家都同意风险管理整体来说很重要，却对每一类别的重要性抱持不同的看法。如何运用各种不同的风险管理方法，取决于你的个性、操作方法和风险嫌恶水准。

关于这四大原则的先后次序，虽有不同的意见，我却相信实务上有一个最重要。为杰克·伯恩斯坦所著《投资分析大师论金融操作》（寰宇出版公司译行，编号寰宇财金41）一书接受访问时，被问到在纪律或良好的操作系统之间做选择时，我指出，遵守纪律，抑低亏损，可能是操作成功最重要的要素。我说："交易人只要做到这一点，他或她就有可能碰到够多的赚钱交易，而能赚到一点钱。"在这个主题上，其他许多人也有各种不同的变通方法，认为只要交易人能够控制亏损，利润就会照顾好自己。

我最近看到一句对交易人的建言："操作成功取决于两件事：①找到一种和你个人的操作风格搭配的方法。②恪守那种方法。事情真的那么简单。几乎任何方法都会奏效，只要它能配合你的个性，并纳入良好的资金管理原则。"

听起来头头是道，却是错的。根据一般常识得出的几乎所有方法都行不通。

名气响亮的杰克·史瓦格确实强调操作风格与个性搭配的重要性。关于如何成为成功的交易人，这是他的主要结论之一。他在两本《金融怪杰》的书中，谈到每位怪杰如何找到一种和自己的个性搭配的操作风格。

但是据此推论和你的个性配合的任何一种操作风格都能奏效，则是不对的。你必须两者兼而有之：一种行得通且配合个性的操作风格。前者显然比后者重要。

虽然考量个性在某种程度内让人感觉放心，交易人可藉以评量想做的事是否合理，但我相信那是操作失败的主要原因。和个性搭配的操作风格，失败的机率很高，是个不幸的事实。若非如此，你如何解释高达95%的人操作商品都失败？

## 攻守四大战技

布鲁斯·贝博科克毕业于耶鲁大学加州大学柏克莱分校,获有企业管理学士学位和和法学位。在联邦检察官任内,曾以意图行刺福特总统,成功起诉曼森家族成员珊卓·古德。曾在许多案子中任被告律师,包括一级谋杀案。

1979年,35岁时,离开法律事务所,专心从事商品操作。这是他第八本谈商品操作的书。其他的著作还有:《道琼欧文操作系统指南》、《期货市场的趋势性》、《商品操作获利完全手册》。写过很多文章,发表在《期货》及其他杂志。

1983年4月,布鲁斯开始发行《商品交易人消费者报导》双月刊杂志,追踪一流商品顾问服务的绩效,对业界影响很大。

除了针对期货操作有所撰述,布鲁斯也为交易人设计很多电脑软件程式,包括25种不同的最适化操作系统程式,两种独特的操作工具、两种使用连续性合约的资料管理程式。

自己出售的系统也亲自拿去实际操作,很少系统供应商这么做,他是其中一位。布鲁斯只拿他和大众分享的系统操作个人资金。1991年到1995年间,他的系统账户平均年报酬率超过50%。(过去的绩效不见得是未来绩效的指针。)

布鲁斯住在加州沙加缅度,1975年后成了积极活跃的商品交易人,目前仍继续操作自己的账户。兴趣包括打高尔夫球和制作高尔夫球杆。你可以写信到现实基础操作公司索取型录或向他请教,地址是:1731 Howe Avenue, Suite 149, Sacramento, CA 95825。电话:(800)-999-2827 或(916)-677-7562。传真:(916)-672-0425。电子邮件地址:babcock@spider.lloyd.com。

成功之道不是找到一种和个性搭配的操作风格,而是找到一种能够发挥功效的操作风格。两者几乎总是相互排斥。看起来有道理、让人感觉放心、容易执行的方法并不是能够发挥功效的方法。如果是这样的话,很多

## 第七章 汇总与结论

人会操作成功。

  如果你想赚钱，不是找乐子，那么有四件事一定要做：拟定一套证明可行的操作模式。这里我们强调的是证明可行。它就是你的操作计划。筹措足够的资金，照计划去操作。克服害怕亏损的恐惧心理。最后，把对市场的意见抛诸脑后，纯粹根据模式去操作。以上听起来不是十分可行吗？这是操作期货成功的本质。

# 参考书目

以下介绍的著作为本书访问的专家所写。

Alexander, Colin. *Capturing Full-Trend Profits in the Commodity Futures Markets*. Brightwaters, NY: Windsor, 1992.

Angle, Kelly. *One Hundred Million Dollars in Profits: An Anatomy of a Market Killing*. Brightwaters, NY: Windsor, 1989.

Babcock, Bruce. *The Doworones-Irwin Guide to Trading Systems*. Burr Ridge, IL: Dow Jones-Irwin, 1989.

——. *Profitable Commodity Futures Trading from A to Z*. Sacramento, CA: Advanced Trading Seminars, 1994.

——. *Trendiness in the Futures Markets*. Sacramento, CA: Advanced Trading Seminars, updated through 1995.

Bernstein, Jake. *Beyond the Investor's Quotient*. New York: John Wiley & Sons, 1986.

——. *The New Investor's Quotient*. New York: John Wiley & Sons, 1986.

——. *Seasonal Concepts in Futures Trading*. New York: John Wiley & Sons, 1986.

——. *Facts on Futures*. Chicago: Probus, 1987.

——. *The Handbook of Economic Cycles*. Burr Ridge, IL: Business One-Irwin,

1991.

——. *Why Traders Lose—How Traders Win*. Chicago：Probus，1992.

——. *Market Masters*. Chicago：Dearborn，1994.《技术分析大师论金融操作》，寰宇出版公司译行，编号寰宇财金41。

——. *Seasonal Trader's Bible*. Winnetka, IL：MBH，1995.

Brandt, Peter. *Trading Commodity Futures with Classical Chart Patterns*. Sacramento，CA：Advanced Trading Seminars，1990.

Bressert, Walter. *The Power of Oscillator/Cycle Combinations*. Vero Beach，FL：Bressert，1991.

Chisholm, Michael. *Games Investors Play*. Winchester, VA：B&B，1981.

——. *The Taurus Method*. Brightwaters，NY：Windsor，1983.

Schwager, Jack. *A Complete Guide to the Futures Markets*. New York：John Wiley & Sons，1984.

——. *Market Wizards*. New York：New York Institute of Finance，1989.《金融怪杰》，寰宇出版公司译行，编号寰宇财金15-16。

——. *The New Market Wizards*. New York：HarperCollins，1992.

——. *Schwager on Futures：Fundamental Analysis*. New York：John Wiley & Sons，1995.《史瓦格期货基本分析》，寰宇出版公司译行，编号寰宇财金103-104。

——. *Schwager on Futures：Technical Analysis*. New York：John Wiley & Sons，1995.《史瓦格期货技术分析》，寰宇出版公司译行，编号寰宇财金105-106。

Smith, Courtney. *Profits through Seasonal Trading*. New York：John Wiley & Sons，1980.

——. *Commodity Spreads*. New York：John Wiley & Sons，1981；Greenville，SC：Traders Press，1989.

——. *How to Make Money Trading Stock Index Futures*. New York：McGraw-Hill，1985；paperback，1988.

——. *Options Strategies*. New York：John Wiley & Sons，1987.

——. *Seasonal Charts for Futures Traders*. New York：John Wiley & Sons，1987.

Wasendorf, Russell. *Commodity Trading-The Essential Primer*. Burr Ridge, IL：Dow Jones-Irwin，1984.

——. *All About Futures*. Chicago：Probus，1991. 《期化学习百科》，寰宇出版

公司译行，编号寰宇财金 85。

——. *All About Commodities*. Chicago：Probus，1992. 《商品学习百科》寰宇出版公司译行，编号寰宇财金 84。

——. *All About Options*. Chicago：Probus，1993. 《选择权学习百科》，寰宇出

版公司译行，编号寰宇财金 83。

Williams, Larry. *How I Made One Million Dollars Last Year Trading Commodities*. Brightwaters, NY：Windsor，1974.

——. *The Definitive Guide to Commodity Trading*，*Volumes One and Two*. Brightwaters, NY：Windsor，1988 and 1989.

Williams, Larry, and Michele Noseworthy. *Sure Thing Commodity Trading*. Brightwaters, NY：Windsor，1977.